Alexandra Meier

Die Weisheit des Waldes

oder wie man im Einklang mit der Natur lebt

Schirner
Verlag

Liebe Leserin, lieber Leser, dieses Buch ist in der Du-Form geschrieben, weil es viele Übungen, Rituale und Meditationen enthält, die direkt die Seele ansprechen. Die Du-Form unterstützt auch das Bewusstsein, dass Autorin und Leser sich auf Augenhöhe begegnen können und es in der Tiefe ihres Wesens keine Trennung gibt.

ISBN 978-3-8434-1258-2

Alexandra Meier: Die Weisheit des Waldes oder wie man im Einklang mit der Natur lebt © 2016 Schirner Verlag, Darmstadt	Umschlag: Murat Karaçay, Schirner, unter Verwendung von #308091533 (© Smileus), www.shutterstock.com Layout: Silja Bernspitz, Schirner Lektorat: Heike Wietelmann, Schirner Printed by: Ren Medien GmbH, Germany

www.schirner.com

1. Auflage September 2016

Du wirst mehr
in den Wäldern
finden als in
den Büchern.

Bäume und Steine
    werden dich Dinge lehren,
die dir kein Mensch
    sagen kann.

Bernhard von Clairvaux (1090–1153)

Inhalt

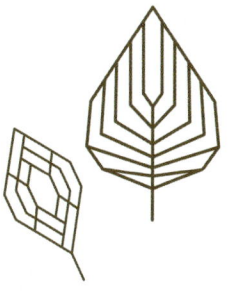

Inhalt

Inhalt

Einleitung

Der Wald ist ein Ort des Rückzugs und des Friedens. Sämtliche Weisheiten des Lebens sind dort, an jenen Stellen, an denen die Natur noch unberührt ist, gespeichert. Die meisten Menschen haben dies vergessen und sind sich dieser Kräfte nicht mehr bewusst. In diesem Buch findest du Anregungen, Meditationen und Gebete, die dir helfen können, wieder Zugang zu jenen Weisheiten zu finden. Versuche daher bitte, dieses Buch »mit deinem Herzen« zu lesen – nicht mit dem Verstand.

Auch den Wald selbst kann man eigentlich am besten mit dem Herzen spüren. Bei den meisten Menschen – ausgenommen bei Kindern – ist das Herz verschlossen, und es käme ihnen nie in den Sinn, etwas vom Wald lernen zu können.
In der heutigen Zeit ist jenes verborgene und uralte Wissen der Natur wieder leichter erfahrbar, und immer mehr Menschen gelingt es, wieder einen Zugang zu dem zu finden, was die Natur uns of-

fenbaren will. Wenn der Mensch sich also immer weiter öffnet und sich regelmäßig und mit »wachem Sinn« im Wald aufhält, können die Energien, die dort, in der ursprünglichen Natur, noch höher schwingen, helfen, die Blockaden im eigenen Körper zu erkennen bzw. aufzulösen und das Herz immer weiter zu öffnen.

Lasse dir Zeit, und verabrede dich regelmäßig mit dem Wald, wie du es mit einem Freund tun würdest, und zwar bei jedem Wetter und zu jeder Jahreszeit. Gehe gerade auch bei »schlechtem« Wetter in den Wald, dann sind seine Weisheiten am besten erfahrbar. Der Wald wird deine Treue belohnen, indem er dir im Laufe der Zeit immer mehr von seinem Wissen offenbart. Er ist ein treuer, bedingungsloser Freund, der dir vor allem dann Schätze offenbart, wenn du es am wenigsten erwartest. Du kannst bei ihm all deinen Kummer, deine Ängste und Sorgen lassen – aber tue dies bitte mit dem nötigen Respekt und mit Ehrfurcht. Er wird dir großzügig helfen, all das loszulassen, was dich belastet oder was dir nicht mehr dienlich ist.

Der Wald kann dir Zufluchtsort, Vater, Mutter, Freund und Lehrer in einem sein. Er bietet dir die Chance, dich wieder zurück auf deinen ursprünglichen Weg zu bringen. Er hört dir zu, gibt dir Ratschläge, tröstet dich, begleitet dich ein Stück auf deinem Weg und ist für dich da. Er gibt dir so vieles – und er verlangt nichts dafür. Allein schon, regelmäßig – am besten täglich – ein wenig Zeit im Wald zu verbringen, kann heilsam für dich sein. Das ist wie eine Medizin ohne Nebenwirkungen. Ein Nebeneffekt kann höchstens sein, dass du dich an die regelmäßigen Verabredungen gewöhnst und irgendwann gar nicht mehr ohne sie sein willst. Dann hast du dich definitiv mit dem Wald verbunden und in ihm einen Freund gefunden. Irgendwann bist du so eins mit seinem stillen Atem und den Geräuschen, die entstehen, wenn der Wind durch die Äste weht, oder mit seinem Geruch, dass dir etwas sehr Wichtiges fehlt, wenn du ihn längere Zeit nicht besuchen kannst. Dann spürst du, dass du die regelmäßigen Spaziergänge im Wald brauchst, um dich wohlzufühlen. Du kannst dir gar nicht mehr vorstellen, wie du ohne die häufigen Begegnungen mit der Natur leben konntest. Wenn du dann einmal – aus welchen Gründen auch immer – deine Verabredungen mit dem Wald nicht einhalten konntest und daher ohne Verbindung zu ihm bist, ist es, als hättest du eine wichtige Verbindung zu dir selbst unterbrochen.

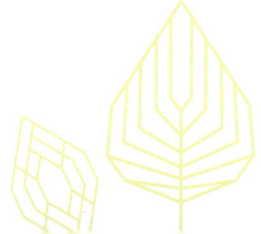

Die Natur – und insbesondere der Wald – ist ein Teil unseres Wesens. Im Einklang mit ihr zu leben, ist quasi ein menschliches Grundbedürfnis, nur haben das leider viele vergessen oder verdrängt. Es sitzt irgendwo ganz, ganz tief in uns vergraben, und manche Menschen spüren eine tiefe Sehnsucht, die sie mit allem Möglichen zu stillen versuchen. Dabei ist keine große Anstrengung vonnöten, um diese ursprüngliche Verbindung wiederherzustellen. Da es etwas so Natürliches ist, braucht es bloß ein bisschen Zeit alleine im Wald, damit wir uns wieder an das erinnern, was eigentlich ganz selbstverständlich in unser Leben gehört.

Der Wald kann dir Antworten auf all die Fragen in deinem Leben geben, er weiß auf alles eine Antwort, hat stets einen Rat oder kann dir auf irgendeine Weise helfen. Es braucht, wie gesagt, nur etwas Zeit und Geduld, um all dies auch wahrzunehmen und zu verstehen.

Einleitung

In unserem meist hektischen Alltag haben wir diese Zeit oft nicht mehr – oder nehmen sie uns einfach nicht. Vielleicht erinnerst du dich noch vage daran, wie dir einmal, als du in einer schwierigen Situation warst, ein Spaziergang im Wald tatsächlich geholfen hat, weil du die Dinge plötzlich klarer sehen konntest oder dir aus heiterem Himmel eine Lösung für ein Problem in den Sinn kam. Oder als du einmal sehr traurig warst und dich nach einem Waldspaziergang wunderbar getröstet gefühlt hast. Es gäbe noch so viele Situationen aufzuzählen, in denen dir der Wald helfen kann. Aber die beste Erfahrung ist immer noch die, die man selbst gemacht hat. Also solltest du es wirklich ausprobieren, wie es ist, mit dem Wald einen wunderbaren Lehrer an deiner Seite zu haben, der dir mit seinen liebevollen Weisheiten gerne zur Seite stehen und helfen möchte.

Nimm dir die Zeit, dies zu erfahren und zu spüren – ich kann dir versprechen, dass du es nicht bereuen wirst. Die investierte Zeit ist das beste Geschenk, das du deinem Freund, dem Wald, machen kannst. Denn wenn du dir regelmäßig Zeit für ihn nimmst, lernst du ihn verstehen und begreifst, was er dir alles beibringen möchte. Aber dies ist wie mit einer Fremdsprache: Es braucht Zeit und Geduld, bis man sie beherrscht. Genauso ist es mit der Natur und ihren Zyklen. Wann hast du das letzte Mal einem Baum zugeschaut, wie er sich im Wind wiegt? Dem Regen zugehört und dabei beobachtet, wie die einzelnen Tropfen von den Blättern abperlen oder in eine Pfütze fallen? Wann hast du dir das letzte Mal Zeit genommen, um bewusst auf die Geräusche im Wald zu horchen, auf das Rascheln der Blätter oder das Rauschen eines Baches?

Als Kind hast du das alles ganz selbstverständlich gemacht. Du hattest eine neugierige, zugängliche Haltung allem gegenüber, bist mit offenen Augen und Ohren durch die Welt gegangen und hast gestaunt über all die Wunder, die geschehen. Versuche daher, die Welt wieder mit den Augen eines Kind zu sehen, das das alles zum ersten Mal wahrnimmt. Wir haben einfach verlernt, all das Wunderbare zu sehen und zu bestaunen. Wir bemerken es meist gar nicht mehr, weil wir mit unseren Gedanken irgendwo sind, bloß nicht im »Hier und Jetzt«.

Noch ein praktischer Tipp vorab: Ich werde oft gefragt, ob man tatsächlich »tief in den Wald« hineingehen, sich also abseits der Hauptwege bewegen soll, weil das doch recht gefährlich sein könnte. Dort, wo jeden Tag viele Menschen vorbeispazieren, also auf den Hauptwegen, herrscht eine andere Energie als abseits der Hauptwege, also im Unterholz. Probiere es einmal selbst aus, man kann den Unterschied deutlich spüren. Wenn du dich als Frau alleine im tiefen Wald vielleicht nicht unbedingt wohl- und sicher fühlst, kannst du den Hauptweg auch bloß für einige Meter verlassen, sodass dich die anderen Waldbesucher nicht gleich sehen können, und dort die Übungen und Meditationen machen. Die Energien sind ganz tief im Wald allerdings am stärksten und am intensivsten, und der Zugang zu den Weisheiten des Waldes fällt dort sicherlich am leichtesten. Vielleicht kannst du dir einen Partner suchen, der dich begleitet.

Es kann gut sein, dass du einmal während deiner Übungen ein »wildes« Tier, also ein Reh, einen Fuchs oder ein Wildschwein, zu Gesicht bekommst. In diesem Fall solltest du versuchen, Ruhe zu bewahren und dich nicht schnell oder ruckartig zu bewegen. Das Tier kann dann deine Gelassenheit und Ruhe spüren. Versuche, es ganz locker zu sehen: Du bekommst auf diese Weise, weil sich das Tier nicht von dir bedroht fühlt, die vielleicht einzige Gelegenheit, es aus nächster Nähe zu beobachten.

Je öfter du dich mit dem Wald verabredest, desto ruhiger werden auch deine Gedanken, und dein Geist kann immer tiefer in die Stille eintauchen. Deine Aufmerksamkeit wandert so automatisch vom Kopf in dein Herz. Und wenn du dann irgendwann in deinem Herzen »angekommen« bist, wird die Verbindung zu deiner höchsten Intelligenz, der Intuition, wiederhergestellt sein.

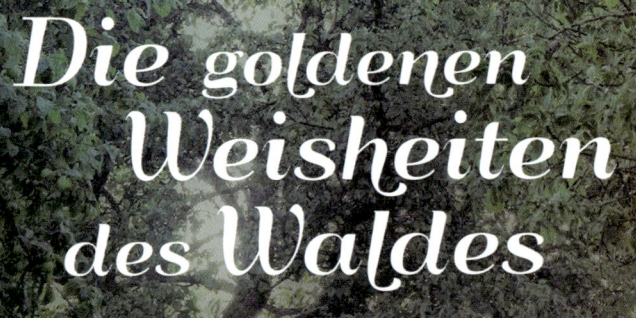

Die goldenen Weisheiten des Waldes

Komme an

Für deine erste »Verabredung« mit dem Wald solltest du dir, wie gesagt, genügend Zeit reservieren, wie du es auch für ein Treffen mit einem guten Freund tun würdest.

Wenn du dann im Wald angekommen bist, und gerade noch in großer Hektik warst oder dich über etwas geärgert hast, gehe zuerst noch einige Schritte durch den Wald, bis du langsam ruhiger wirst. Die folgende Übung kann dir helfen, den Alltag hinter dir zu lassen und ganz im »Hier und Jetzt« anzukommen.

Übung: Ganz im »Hier und Jetzt« ankommen

Schließe die Augen und atme einige Male ganz bewusst tief ein und aus, bis in deinen Bauch hinein. Mache dies einige Atemzüge lang. Dann lässt du mit dem Ausatmen alles Dunkle und Schwere los, all das, was dich beschäftigt, all den Zorn und Ärger, all die Unausgeglichenheit und Anspannung. Auch

Traurigkeit, Schwere und Müdigkeit entlässt du bewusst aus deinem Körper. Der Wald übernimmt all das, was dich belastet und dir nicht mehr dienlich ist, gerne für dich.

Mit jedem Einatmen nimmst du Neues, Frisches und Vitales in dich auf. All die Kraft, Lebendigkeit und Vitalität, die der Wald für dich bereithält, darfst du tief in deinen Körper aufnehmen, dich regelrecht mit Frische und Energie auffüllen. Fühle, wie sich jede Zelle deines Körpers auflädt, wie du immer mehr auftanken und dich erholen kannst. Lasse deinen Körper, der tagtäglich so viel für dich leistet, zur Ruhe kommen und sich ganz im »Hier und Jetzt« einfinden. Lächle dabei, denn dadurch entspannt sich dein Körper noch mehr. Lächle dir selbst zu. Dabei kannst du beim Einatmen bis 3 zählen und beim Ausatmen bis 6. Mache dies einige Zeit lang.
Wenn dir das gut gelingt, kannst du die Übung noch weiter ausbauen. Wenn nicht, dann lasse dir Zeit, und gehe erst zum zweiten Teil der Übung über, wenn du wirklich ganz zur Ruhe gekommen bist.

Dann konzentriere dich auf deine Wahrnehmung: Was hörst du? Was fühlst du auf deiner Haut? In deinem Herzen? Welche Gedanken und Gefühle tauchen auf, wenn du ganz entspannt bist? Was siehst du mit deinem inneren Auge? Konzentriere dich ganz auf diese Empfindungen.

Es ist etwas, was man wirklich üben muss, wenn man es nicht gewohnt ist. Wenn du merkst, dass du mit deinem Kopf schon wieder in deinem Alltag bist, ärgere dich nicht, sondern bringe die Gedanken sanft zurück in den Wald. Verurteile dich nicht deswegen, denn es ist normal. Lasse die Gedanken an den Alltag sanft und leicht los, und komme wieder bewusst zurück in die Meditation.

Erwarte zu Beginn keine Wunder. Du musst zuerst mit dieser besonderen Art der Kommunikation vertraut werden, also habe bitte nicht zu große Erwartungen, denn das würde dem Prozess des gegenseitigen Kennenlernens nur im Wege stehen. Wenn du spürst, dass es an der Zeit ist, wieder zurück ins »Hier und Jetzt« zu kommen, atme 3 Mal tief ein und aus. Beginne langsam, Füße und Hände zu bewegen, dehne und strecke dich ausgiebig, und öffne erst ganz zum Schluss deine Augen.

Der Wald ist ein großzügiger Freund. Er wartet nicht, bis er etwas bekommt, sondern gibt freigiebig, sobald du dich für ihn öffnest. Das Einzige, was du ihm geben musst, ist Zeit. Zeit braucht es auch, bis sich dein Herz für das verborgene Wissen und die Art und Weise, wie dieses sich dir mitteilen möchte, öffnet. Zu Beginn kannst du vielleicht nur erahnen, was dir mitgeteilt werden will. Es ist vielleicht nur ein Gefühl, ein Gedanke. Mit der Zeit, wenn du etwas geübter im Hören und vertrauter mit der Natur bist, wird es immer klarer sein und leichter gehen. Die Kommunikation wird ins Fließen kommen, und du wirst deinem Gefühl immer mehr vertrauen. Es ist nicht die Art von Kommunikation, die du gewohnt bist, also über die Akustik bzw. das Gehör. Es ist eine Kommunikation, die über das Herz abläuft. Du spürst die Sprache des Waldes tief in deinem Herzen. Es sind ganz sanfte Klänge, zaghafte Töne, die der Wald dort zu spielen beginnt. Du musst genau hinhören und innerlich ganz still werden.

Mache diese Übung bei deinen ersten Besuchen im Wald mindestens 10 Minuten lang, und hole dich immer wieder zurück, wenn du merkst, dass du mit deinen Gedanken abgleitest. Wiederhole diese Übung, bis sie dir vertraut wird. Wenn sie dir nach einiger Zeit bereits leichter fallen sollte, kannst du auch länger in dieser Meditation verweilen.

Am Anfang kann es auch sehr helfen, wenn du dich an einen schönen, alten Baum anlehnst, sodass du seinen Duft einatmen kannst

und deine Füße seine Wurzeln berühren. Die Nähe zu oder gar der direkte Körperkontakt mit einem Baum kann dich dabei unterstützen, nach innen zu schauen und ganz ruhig zu werden. Er wird gerne bereit sein, dir zu helfen, und sich über das Vertrauen, das du ihm schenkst, freuen.

Eine schöne Übung für den Anfang ist auch die folgende, in der es darum geht, sich zu öffnen und auf die innere Wahrnehmung zu vertrauen.

Übung: Intuition

Es gibt da, wie gesagt, auch noch eine andere Ebene, auf der du die Umwelt wahrnehmen kannst: das Gefühl. Gehe bei deinem nächsten Spaziergang einmal zu einem schönen, alten Baum, und schenke ihm deine ganze Konzentration und Aufmerksamkeit. Schmiege dich an ihn, berühre seine Rinde, spüre und fühle ihn. Nimmst du außer dem, was du über deine Hände vom Baum erfährst, noch etwas anderes von ihm oder über ihn wahr?

Nun gehe einen Schritt zurück, und schließe deine Augen, um dich so noch besser auf dein Gefühl konzentrieren zu können. Spürst du die Gegenwart des Baumes? Wie fühlst du sie? Kannst du seine Energie spüren?

Es kann sein, dass der Baum etwas Mütterliches, Wärmendes, Stützendes, Reinigendes ausstrahlt und du dich von dieser Energie sogleich getragen und getröstet fühlst. Es kann sein, dass du bei jedem Baum etwas anderes wahrnimmst, denn jeder hat sein eigenes, ganz individuelles Wesen mit seinen besonderen Eigenschaften. Einige Bäume haben ein stark beschützendes Wesen. Andere wiederum möchten dir helfen, dich zu reinigen. Dann gibt es Bäume, die dich wunderbar trösten und »tragen« können, und andere, die mit dir ihre Weisheiten teilen.

Wie gesagt: Es braucht etwas Zeit und Geduld, und nicht alle Menschen können dies gleich intensiv wahrnehmen. Aber in allen, wirklich allen Menschen ist die Fähigkeit angelegt, eine Verbindung zu einem Baum, zum Wald und zur Natur herzustellen.

Es ist oft unser Verstand, der uns das nicht tun lässt, weil er Angst hat, an Bedeutung zu verlieren. Wir sollten daher versuchen, uns wieder stärker auf unsere intuitiven Fähigkeiten zu verlassen und auf sie zu hören. In unserem alltäglichen Leben ist es oft sehr wichtig, auf den Verstand zu vertrauen, den Kopf walten zu lassen. In Zeiten, in denen wir uns wieder mehr mit unserem Gefühl und der Natur verbinden wollen, ist er uns allerdings oft hinderlich. Er will

uns dann weismachen, dass dies alles nur Einbildung und Unfug ist und es besser wäre, nur auf ihn zu hören. Aber das ist keine Einbildung, unsere Intuition gehört genauso zu uns wie unser Verstand. Es ist ein Wahrnehmen und Erkennen auf eine etwas andere Art, eine »innere Stimme«, ein gefühlsmäßiges Erfassen, das unabhängig vom Verstand, dabei aber nicht weniger wertvoll ist. Wenn wir lernen wollen, wieder mehr aus unserer Intuition heraus zu handeln, kann der Wald uns dabei auf eine für uns im Moment vielleicht noch nicht vorstellbare Weise unterstützen.

Unsere physischen Augen sehen nur einen Bruchteil von dem, was wirklich ist. Alles, was in einer höheren Energie schwingt, ist für die meisten Menschen nicht sichtbar. Es gibt jedoch besonders Begabte, die diese Dinge mit ihrem Dritten Auge sehen können, dies nennt man dann Hellsehen. Überall – und ganz besonders im Wald – sind herrliche Energien vorhanden, die dich wieder ins Lot, ins Gleichgewicht und mehr zu dir selbst bringen und dir somit in vielerlei Lebenslagen helfen können. Ja, wenn du dich erst einmal »geerdet« und einen guten Kontakt zum Wald und seinen Bewohnern aufgebaut hast, wird dies dein Leben auf eine Art und Weise bereichern, wie du es dir im Moment wahrscheinlich noch gar nicht vorstellen kannst. Du musst nicht alles allein machen, denn du hast ganz viele Helfer an deiner Seite. Komme also ganz zur Ruhe – und öffne dein Herz!

Nur eine Stunde im grünen Wald

Nur eine Stunde von Menschen fern,
nur eine einzige Stunde!
Statt der tönenden Worte
des Waldes Schweigen,
statt des wirbelnden Tanzes
der Elfen Reigen,
statt der leuchtenden Kerzen
den Abendstern,
nur eine Stunde von Menschen fern!

Nur eine Stunde im grünen Wald,
nur eine einzige Stunde!
Auf dem schwellenden Rasen umhaucht
von Düften,
gekühlt von den reinen balsamischen
Lüften,
wo von ferne leise das Echo schallt,
nur eine Stunde im grünen Wald!

Nur eine Stunde im grünen Wald,
nur eine einzige Stunde!
Wo die Halme und Blumen sich
flüsternd neigen,
wo die Vögel sich wiegen auf
schwankenden Zweigen,
wo die Quelle rauscht aus
dem Felsenspalt,
nur eine Stunde im grünen Wald!

Auguste Kurs (1815–1892)

Erde dich

Ohne festen Boden unter den Füßen, in dem du sicher verwurzelt bist, fehlt dir das Fundament zum Wachsen, und jeder Windstoß und jede kleinere oder größere Erschütterung kann dich ins Schwanken bringen. Daher ist es eine der wichtigsten Weisheiten oder Übungen, sich täglich zu erden.

Verbinde dich jeden Tag mit der Energie der großen Mutter Erde. Sie ist für dieses Leben unentbehrlich, und du hast von ihr ein Geschenk erhalten: Du lebst auf ihr und durch sie – sie nährt und trägt dich, wie es eine Mutter tut. Verbinde dich immer wieder mit ihr, um wieder in deine Kraft zu kommen und deine wahren Wurzeln zu spüren. All das wird dir zu Beginn am einfachsten im Wald gelingen. Hier bist du immer willkommen und gehörst genau in diesem Moment hierher. Du bist jetzt am perfekten Ort, und alles ist in bester göttlicher Ordnung. Also sage bewusst Ja zu diesem Leben hier auf der Erde, denn dies ist ein Ort, der verschiedenste Entwicklungsmöglichkeiten bereithält, hier kannst du unendlich viel lernen und erfahren. Nutze deine Chance, dich während deines Lebens hier auf Erden zu entfalten und weiterzuentwickeln. Die Basis dafür ist und bleibt die Verbindung zu Mutter Erde – und der Wald ist der Ort, um diese zu vertiefen.

Dein Fundament muss solide und stark sein, nur so kannst du dich gut entwickeln. Je mehr du innerlich wächst und dich mit allem verbindest – auch mit dem, was in der Geistigen Welt existiert –, desto mehr müssen deine Wurzeln dich festigen und dir Halt geben. Es kann gefährlich werden, wenn du geistig zu wachsen beginnst, ohne richtig geerdet zu sein. Die Energien der Geistigen Welt können so stark und intensiv sein, dass es dich fast »umhaut«, wenn du keinen sicheren Stand hast.

Ein ausgiebiger Spaziergang im Wald ist die schnellste und einfachste Methode, um dich zu erden, wieder deine Wurzeln zu spüren und auf den »Boden der Tatsachen« zu kommen. Doch es gibt noch andere Möglichkeiten, sich zu erden, zum Beispiel durch bestimmte Nahrungsmittel: Kartoffeln, Karotten, Sellerie, Rote Bete – eigentlich sämtliche Wurzelgemüse sowie die verschiedenen Kohlsorten, also fast alles, was in der Erde wächst, enthält viel erdende Energie.

Auch wenn du dich in deinem Garten oder einem Park aufhälst (falls du einmal keine Zeit haben solltest, in den Wald zu gehen), bringt

dich das wieder zurück zu deinen Wurzeln – wodurch du dann auch besser mit dir selbst verbunden bist und dich und deine Bedürfnisse wieder deutlicher spürst. Falls du in einer Großstadt lebst und nur von Beton und Asphalt umgeben bist, solltest du regelmäßig in die Natur fahren, um – am besten barfuß – auf naturbelassenem Boden gehen zu können.

Übung: Erdung

Praktiziere diese Übung, sooft es geht, draußen im Wald. Wenn dies nicht möglich ist, achte darauf, dass du wenigstens einen direkten Kontakt zu Mutter Erde hast, indem du in den Garten oder zu der nächsten Grünfläche gehst.

Stelle dich locker hin, sodass sich deine Füße ungefähr unter deinen Hüftknochen befinden. Gehe mit deiner Wahrnehmung in die Füße, und konzentriere dich auf deine Fußsohlen. Nimm sie ganz bewusst wahr. Wie fühlen sie sich an? Sind sie kalt oder warm? Falls sie kalt sind, massiere beide Füße, bis sie warm und gut durchblutet sind. Spürst du den Kontakt zum Boden? Wenn du deine Füße nur schwach spürst, nimm einen kleinen, runden Gegenstand, zum Beispiel einen Ball, und massiere damit deine Fußsohlen, indem du dich auf ein Bein stellst und den Fuß des anderen Beines mit etwas Belastung über den Ball gleiten lässt.

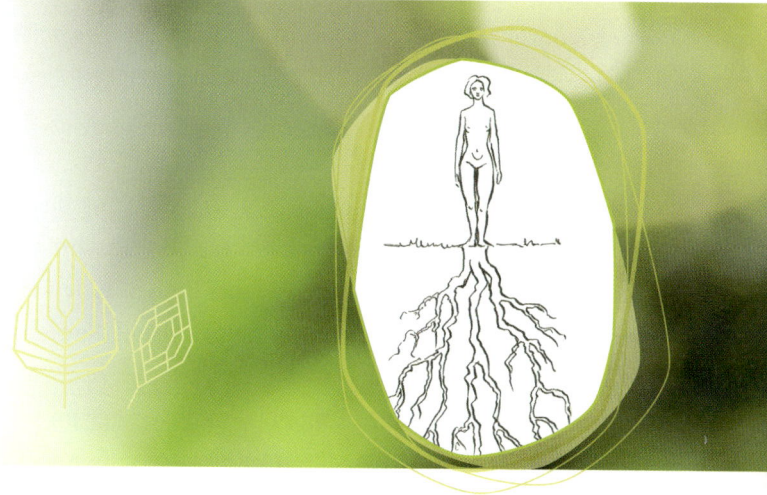

Wenn du deine Füße besser spüren kannst, stelle dich wieder, wie oben beschrieben, hin, und male dir vor deinem inneren Auge aus, dass tiefe und starke Wurzeln aus deinen Füßen wachsen und sich fest in Mutter Erde verankern. Atme tief in die Wurzeln hinein, und verbinde dich auf diese Weise immer intensiver mit deinen Wurzeln. Diese reichen nun mindestens schon so weit in den Boden hinein, wie du groß bist. Sie sind

Erde dich

stabil, stark und kräftig. Stelle dir beim Ein- und Ausatmen vor, dass du auch über deine Wurzeln »atmest« und dich auf diese Weise immer mehr mit der Erde verbindest.

Mache diese Übungen einige Minuten lang. Bleibe so lange in dieser Haltung, bis du dich vollständig geerdet fühlst.

Am Ende der Übung kannst du dir vorstellen, du seist ein gro-ßer, starker und robuster Baum. Werde immer mehr wie dieser Baum, und fühle, wie es ist, völlig verwurzelt und sicher geer-det zu sein.

Mit der Zeit bekommst du ein feines Gefühl dafür, ob du momentan geerdet bist oder nicht. Du brauchst diese Übung dann nicht mehr täglich zu machen, sondern nur noch bei Bedarf. Eine weitere Hilfe dabei, immer geerdet zu bleiben, ist deine kristallklare Absicht.

Ein sicheres Zeichen dafür, dass du *nicht* geerdet bist, ist zum Bei-spiel, wenn du zu sehr »im Kopf« bist und weniger im Körper. Du spürst ihn nicht richtig bzw. achtest kaum noch auf seine Bedürfnis-se – was sich zum Beispiel in Form von Kopfschmerzen oder Mi-gräne äußert. Auch dem häufigen Flüchten in die eigene Traumwelt liegt möglicherweise eine fehlende Erdung zugrunde.

Schaue dir im Wald einmal die starken Wurzeln von großen Bäu-men ganz genau an. Wenn du magst, kannst du sie fotografieren und in Zeiten, in denen es dir nicht möglich ist, in den Wald zu gehen, diese Bilder zu Hilfe nehmen, um dich zu erden.

Meist sind wir auch einfach nicht genügend geerdet, weil uns der direkte Hautkontakt mit dem uns tragenden Boden fehlt. Vor allem regelmäßiges Tragen von hohen Schuhen verhindert eine gute Erdung. Gehe daher möglichst oft barfuß, um deinen Füßen immer wieder die Gelegenheit zu geben, verschiedene Materialien wie Rasen, Erde, Holz, Steine, Moos, Sand oder auch Asphalt und Pflastersteine bewusst wahrzunehmen. Gönne deinen Füßen regelmäßig ein Fußbad, und verwöhne und pflege sie. Gib gut auf deine Füße acht, und wertschätze sie, denn sie tragen dich ein ganzes Leben lang und verbinden dich auf so wunderbare Weise mit Mutter Erde.

Horche immer wieder in dein Inneres, in deine ruhige und gelassene Mitte. Dein Herz gibt dir sicher noch weitere Tipps, was du alles für eine bessere Erdung tun kannst.

Wenn du gerade keine Möglichkeit hast, in den Wald zu gehen, können die folgenden Affirmationen dir helfen, dich zu erden. Suche dir ein oder zwei Affirmationen aus, und wiederhole sie immer wieder, bis du dich besser und wieder geerdet fühlst.

Auch Affirmationen brauchen Zeit, bis sie ihre Wirkung entfalten können. Es ist wie ein neues Programm, mit dem du ein altes überschreiben möchtest – und das kann eben dauern. Dabei ist auch wichtig, dass du nur die Affirmationen aussuchst, die stimmig für dich sind. Sprich sie regelmäßig vor dem Spiegel, und sieh dir dabei

in die Augen. Du kannst dir auch angewöhnen, immer dann Affirmationen – leise, innerlich oder laut – auszusprechen, wenn du den öffentlichen Nahverkehr benutzt, Auto fährst oder Wartezeiten an der Ampel oder Supermarktkasse hast. Versuche bitte nicht, direkt zu Beginn schon viele verschiedene Affirmationen gleichzeitig anzuwenden, sondern suche dir, wie gesagt, wirklich nur zwei oder drei aus, und bleibe diesen dann eine Zeit lang treu. Du kannst deine Affirmationen auch vor dich hin singen oder auf Zettel schreiben und diese an verschiedenen Orten in deiner Wohnung verteilen, sodass du immer wieder an sie erinnert wirst.

Affirmationen:

Ich bin geerdet – jetzt.*
Ich bin immer verbunden mit Mutter Erde.
Ich bin geerdet und gut verwurzelt.
Ich achte immer auf meine Standfestigkeit.

....
* Affirmation von Willy Hauser

*Bäume sind Gedichte,
die die Erde in
den Himmel schreibt.*

Khalil Gibran (1883–1931)

Alles braucht seine Zeit

Wenn aus dir ein starker und kräftiger Baum werden soll, beginne bei den Wurzeln, und schaue, dass du immer gut geerdet bist. Gönne es dir so oft wie möglich, alleine Zeit im Wald zu verbringen, um Abstand vom Alltag zu gewinnen und den Kopf »freizubekommen«. Versöhne dich mit deiner Vergangenheit, lasse alte Verstrickungen, Beziehungen – oder was auch immer dir nicht mehr dienlich ist – los, und schaue zuversichtlich in die Zukunft. Konzentriere dich darauf, möglichst nur positive Gedanken zuzulassen. Denn solche sind wie Samen, die du in die Erde pflanzt, damit sie wachsen, gedeihen und Früchte hervorbringen können.

Achte sehr genau darauf, welche Art von Samen zu säst. Was möchtest du in deinem Leben wachsen lassen? Wovon möchtest du mehr in deinem Leben haben? Was macht dich glücklich und zufrieden? Wenn du dich darauf konzentrierst, was alles schlecht läuft in deinem Leben, werden genau diese Dinge noch mehr werden. Die Gewohnheit, ständig über seine Probleme zu grübeln und ausführlich darüber zu reden, verstärkt diese bloß. Wenn du dich aber auf die positiven Dinge in deinem Leben konzentrierst, werden diese sich immer mehr zeigen, ganz einfach, weil du bewusster auf sie achtest und sie zu schätzen beginnst. Das heißt nicht, dass du mit einer rosaroten Brille durch die Welt laufen sollst. Es bedeutet vielmehr, dass du dir sehr wohl bewusst sein sollst, was in deinem Leben noch nicht optimal läuft, du dich aber auf die positiven Aspekte in deinem Leben fokussierst und die negativen Dinge gedanklich ins Positive umwandelst. Konzentriere dich jeden Tag wieder aufs Neue darauf, auch wenn es dir an manchen Tagen nicht leichtfällt. Gib jeden Tag aufs Neue dein Bestes, und richte dich bewusst auf das Schöne in deinem Leben aus.

Vertraue zudem auf den natürlichen Lauf des Lebens. Wenn du einen Samen in die Erde eingepflanzt hast, gräbst du ihn ja auch nicht ständig aus, um zu sehen, ob er bereits gewachsen ist. Du pflanzt ihn ein und vertraust darauf, dass daraus etwas Schönes wird. Dies braucht seine Zeit. Was du tun kannst, ist, ihn zu hegen und zu pflegen – und zu vertrauen. Ein kräftiger Baum wächst nicht in ein paar Tagen. Es braucht viel Zeit, Geduld, Wasser, gute Erde, Licht und Nährstoffe. Im übertragenen Sinn, also vom geistigen Standpunkt her, solltest du zudem positive Gefühle, gute Gedanken und Liebe investieren sowie die Geistige Welt um Hilfe bitten. Wenn du jeden Tag dein Bestes gibst, frage nicht, wann du am Ziel ankommen

wirst. Konzentriere dich wieder ganz auf das »Hier und Jetzt«, und lebe jeden Moment ganz bewusst. Das, was zählt, ist der Moment, der Augenblick. Nutze jeden Tag, jede Gelegenheit, als wäre es deine letzte Chance. Wenn es Zeiten gibt, in denen du das Gefühl hast, dass es nicht vorwärtsgeht und sich nichts verbessert, dann konzentriere dich auf all das, was du bereits erreicht hast, und darauf, wie weit du schon gekommen bist. Schreibe all deine Fortschritte und Erfolge auf, und seien sie noch so klein. Wenn du dich stets auf das konzentrierst, was du in deinem Leben noch erreichen möchtest, und es dir möglichst konkret vorstellst – und zwar so, als wenn es bereits eingetreten wäre –, dann wirst du früher oder später deine Ziele erreichen.

Geduld, Ruhe, Gelassenheit, Klarheit hinsichtlich des Ziels, auf das du dich fokussierst, und Dankbarkeit – all dies solltest du üben, wenn du etwas in deinem Leben verändern möchtest. Nur so kann ein kräftiger und gesunder Baum wachsen. Daher lasse dir die notwendige Zeit, um zu wachsen und im geistigen Sinne stark und kräftig zu werden. Was lange währt, wird endlich gut.

Übung: Dankbar sein

Plane einen ausgiebigen Spaziergang, und nimm dir hierfür genügend Zeit. Eine weitere Voraussetzung für diese Übung ist deine Absicht, offen für die Frage oder den Gedanken zu sein, für welche Dinge in deinem Leben du dankbar sein kannst, also dir wieder in dein Bewusstsein zu rufen, was dir bereits geschenkt wurde und jeden Tag aufs Neue geschenkt wird. Gehe mit dieser kristallklaren Absicht in den Wald.

Beginne den Spaziergang im Wald damit, dass du bewusst hinhörst, hinschaust und aufmerksam bist. Es gibt so vieles, für das du dem Wald dankbar sein kannst: der weiche Waldboden, der wunderbare Duft, die Tiere, die du beobachten kannst. Du hast das Privileg, jederzeit in diesen Wald gehen, dies alles sehen und bestaunen zu können. All die vielen Wunder der Natur. Beobachte einen Vogel, eine Ameise oder ein anderes Tier. Spüre Dankbarkeit in deinem Herzen. Nimm dieses

Gefühl bewusst wahr. Spüre Dankbarkeit dafür, dass du genau dieses Tier jetzt beobachten darfst. Sei wieder wie ein Kind, neugierig und begeisterungsfähig. Zieh deine Schuhe aus, und spüre das Gras. Sieh die verschiedenen Grüntöne des Waldes, die vielen Farben, die Formen der Blätter. Die Farben, die der Himmel dir jeden Tag zaubert. Spüre die Dankbarkeit für all das in deinem Herzen, und nimm wahr, wie sich dieses Gefühl immer weiter ausbreitet. Es wird immer größer, stärker und intensiver. Mache dies so lange, wie du magst.

Danach oder bei einem nächsten Spaziergang kannst du das Gleiche für all die schönen Dinge in deinem direkten Umfeld machen. Gehe alle Bereiche deines Lebens durch, für die du dankbar sein kannst, die nicht selbstverständlich sind. Danke dafür, dass du die Möglichkeit oder Zeit hast, in den Wald zu gehen, dass du eine Familie hast, Freunde, einen liebevollen Partner, einen Job, der dir Freude macht, eine schöne Wohnung, einen gefüllten Kühlschrank, ein Auto oder Fahrrad, Kleider im Schrank, Schuhe für jede Jahreszeit … Sei vor allem auch dafür dankbar, dass du gesund bist, dass du überhaupt in der Lage bist, hier zu sein und Dankbarkeit empfinden zu können. Sieh nichts als selbstverständlich an. Mit der Zeit, wenn du mehr und mehr in diese Haltung hineingewachsen bist, werden dir immer mehr Dinge in den Sinn kommen, für die du Dankbarkeit empfinden darfst.

Du kannst diese Übung natürlich auch in deinem Zuhause machen. Schaue dir all die wunderbaren Dinge an, die sich in deinen vier Wänden befinden: deine Möbel, dein Haustier, deine Pflanzen, dein Geschirr, deine Briefmarkensammlung (damit meine ich alles, was zu deinen Hobbys zählt), Bilder, Deko, Bücher … und fühle für alles eine tiefe Dankbarkeit. Werde dir bewusst, dass nichts selbstverständlich ist. Je dankbarer wir sind, desto mehr werden wir bekommen, denn das entspricht dem Gesetz der Anziehung, einem wichtigen Gesetz des Lebens. Ich ziehe das in mein Leben, was oder woran ich denke und glaube. Indem ich Dankbarkeit empfinde, realisiere ich in meinem Leben am schnellsten, was ich mir noch wünsche. Wenn du dich aber umgekehrt immer wieder darüber beklagst, dass du beispielsweise zu wenig Geld hast, wirst du noch mehr Geldsorgen anziehen.

Wiederhole diese Dankbarkeitsübung regelmäßig, baue sie in deinen Alltag ein, und mache es dir zur Gewohnheit, nichts für selbstverständlich zu halten.

Alles braucht seine Zeit

Zum Abschluss dieses Kapitels hier noch ein Gebet, das dir dabei helfen kann, dein positives Denken und dein Vertrauen zu stärken.

Lieber Gott,

ich möchte ab jetzt nur noch positive, schöne und liebevolle Gedanken in mein Leben lassen. Ich weiß, dass ich die Kraft habe, meine Denkweise zu verändern, da Gedanken bloße Gewohnheit sind. Hilf mir bitte, zu erkennen, wann ich wieder in mein altes Muster, das negative Denken, zurückfalle. Segne mich und all das, was mir Tag für Tag durch den Kopf geht, und hilf mir, dass ich darauf vertrauen kann, dass für mich gesorgt wird. Unterstütze mich in meinem Glauben, dass ich mich immer sicher, geborgen und gut behütet fühlen darf, egal, was in meinem Leben gerade geschieht. Ich vertraue dir, dass ich jederzeit sicher und geborgen bin.
Amen

Affirmationen:

Ich lebe ganz bewusst im »Hier und Jetzt«.
Ich bin immer zur rechten Zeit am richtigen Ort.
Alles ist in perfekter, göttlicher Ordnung.
Ich habe nur liebevolle und harmonische Gedanken.
Ich bin immer sicher und geborgen.

Ahme den Gang
der Natur nach.
Ihr Geheimnis
ist Geduld.

Ralph Waldo Emerson
(1803–1882)

Die Jahreszeiten – und welche Wirkung sie auf uns haben

In der Natur ist alles einem permanenten Wandel unterworfen, jedes Lebewesen entwickelt sich ständig weiter und verändert sich.

Der Winter ist die Zeit der Einkehr, der Ruhe und Stille und des Kräftesammelns. Sämtliche Aktivitäten sind auf das Mindeste reduziert, die Pflanzen wachsen langsamer oder gar nicht mehr, der Stoffwechsel der Tiere, die Winterschlaf halten, ist auf ein Minimum zurückgefahren. Mensch und Tier ziehen sich in ihre Behausungen zurück, wo sie Wärme und Ruhe finden, bis es langsam wieder Frühling wird.

Im Frühjahr erwacht die Natur, alles grünt und blüht und beginnt aufs Neue, zu wachsen und zu sprießen. Wie aus dem Nichts wird Leben eingehaucht, wo vorher scheinbar nichts oder nicht viel war. Die Natur hat ihre Kräfte im Winter gesammelt, sich auf das Wesentliche besonnen. Nach dieser ruhigen und scheinbar ereignislosen Zeit beginnt sie wieder, aktiv zu werden. Es ist die Phase des Neuanfangs, der Aussaat und der Reinigung. Menschen und Tiere verlassen ihre »Höhlen«, bewegen sich wieder mehr im Freien.

Wenn es beispielsweise für einige Zeit in deinem Leben hilfreich war, »Winterschlaf« zu halten, also eine Schutzwand um dich herum aufzubauen, weil du verletzt wurdest, musst du diese nicht dein Leben lang aufrechterhalten. Wenn du deine Verletzung überwunden oder lange genug getrauert hast, ist es nun vielleicht an der Zeit, die Wand verschwinden zu lassen. So sanft und leicht, wie die Sonne den Schnee im Frühling zum Schmelzen bringt, so einfach und mühelos lasse auch du deine Gewohnheiten und all die anderen Dinge in deinem Leben los, die dir nicht mehr dienlich sind.

Im Sommer zeigt sich die Natur in ihrer ganzen Schönheit und Pracht, Wachstum und Blüte sind auf ihrem Höhepunkt. Es ist die Zeit des Überflusses, der Vielfalt, der Ernte und des Erfolgs. Es ist eine Zeit voller Betriebsamkeit, der Feste, des Genießens, und die Pausen sind kurz. Obwohl dieser Zustand etwas Wunderbares ist, wird er nicht für immer anhalten. Fast würde man sich wünschen, dass es für immer so bleiben wird, doch leider muss zu diesem Zeitpunkt bereits für den Winter vorgesorgt werden.

Im Herbst nimmt diese Betriebsamkeit dann wieder langsam ab. Es gibt nur noch vereinzelt Früchte, und die Tage der Ernte gehen

ihrem Ende entgegen. Kontinuierlich schreitet der Prozess des Vergehens, des Loslassens voran. Die Tage werden kühler und kürzer, das Leben spielt sich wieder mehr in den Behausungen ab. Nun ist es Zeit, die Erträge einzufahren, zu ordnen – und zu danken.

Irgendwann kommt auch für dich der Moment, in dem es an der Zeit ist, deine »Blätter« fallen und loszulassen. All das abzugeben, was dir nicht mehr dienlich und hilfreich ist in deinem Leben. Befreie dich von all dem Unnötigen, was du mit dir herumträgst. Wenn das Verhaftetsein an Altem dein Thema ist, kann es sehr hilfreich sein, dich mit den Prinzipien des Feng-Shui vertraut zu machen und dich von all den materiellen Dingen zu befreien, die du nicht mehr brauchst und die dich an deiner Weiterentwicklung hindern. Vielleicht gibt es einen Menschen, der genau den Gegenstand, der bei dir nur herumliegt, gut gebrauchen kann. Wenn jeder Mensch nur das behalten würde, was er wirklich zum Leben braucht, und ganz im Vertrauen, dass immer für ihn gesorgt ist, das weggäbe, was ihm eigentlich zu viel ist, so würden viel weniger Menschen Not und Mangel leiden.

Schaue dich einmal in deiner Wohnung um. Gibt es Dinge, die du seit Jahren nicht mehr benutzt hast und jemandem schenken könntest? Du machst damit nicht nur eine andere Person glücklich, sondern schaffst auch in deinem Leben Platz für Neues und Schönes. Mit manchen Gegenständen möchte man meist nur besonders schöne Erinnerungen am Leben erhalten. Aber all diese wunderbaren Erinnerungen sind doch in deinem Herzen gespeichert, und von dort kann sie dir niemand mehr wegnehmen. Jeder wundervolle und glückliche Moment ist in deinem Inneren. Falls du aus diesem Grund Dinge hortest, behinderst du deinen natürlichen Fluss und verhinderst, dass noch mehr Schönes und Gutes in dein Leben treten kann. Also gib dich nicht der Illusion hin, dass du mit Gegenständen irgendwelche Erfahrungen und schöne Gefühle festhalten kannst, sondern nutze jede Situation, in der du etwas weggeben kannst, als Gelegenheit zum Loslassen. Wenn du das nächste Mal Dinge entsorgst, lasse ganz bewusst auch alles los, was du nicht mehr in deinem Leben haben möchtest. Lasse zu, dass dies leicht und mühelos geschehen darf. So leicht und mühelos, wie ein Baum im Herbst die Blätter verliert.

Nimm dir im nächsten Herbst wieder einmal Zeit, um zu beobachten, wie ein Baum seine Blätter loslässt. Er macht dies leicht und mühelos. Er nutzt einen einzigen Windstoß, um unzählige Blätter fallen zu lassen. So nutze auch du eine gute Gelegenheit oder einen Tag, an dem du in besonders guter Stimmung bist, um dich leicht

und mühelos von Altem zu trennen. Du musst nicht alles auf einmal machen. Der Baum lässt auch nicht alle Blätter auf einmal fallen. Zuerst verfärben sie sich in den wunderbarsten Nuancen, es findet eine sichtbare Veränderung statt. Das ist vergleichbar mit deinem Bewusstseinszustand, der sich verändert. Du erkennst, dass es an der Zeit ist, sich wieder einmal von gewissen Dingen zu trennen und zu lösen. Danach geschieht eine bestimmte Zeit »scheinbar nichts«, bis die Blätter eines nach dem anderen zu fallen beginnen. Wenn der Baum mitten in diesem Prozess ist, kann es von einem Tag auf den anderen geschehen, dass er plötzlich kahl ist. Wenn du dich erst einmal in diesem Prozess befindest, kann es sein, dass du plötzlich merkst, wie angenehm, erleichternd und befreiend es ist, loszulassen und Ballast abzuwerfen. So fällt es dir mit der Zeit immer leichter.

Lasse all das los, damit danach der Winter und somit ein Zustand der Regeneration und der Ruhe eintreten kann. In dieser Ruhe und Stille kann dann wieder Neues entstehen. Darum sind solche Zeiten für alle Lebewesen so wichtig. Ohne Momente der Stille und der inneren Einkehr steht der Mensch sich irgendwann selbst im Wege und verhindert damit, dass wieder Neues wachsen kann. Also gönne dir regelmäßig Zeiten, in denen du »Winterschlaf« halten kannst. Der Wald hilft dir dabei, immer wieder gerne zur Ruhe und in die Stille zu kommen. Daraus kann dann wieder Großes entstehen.

Dieser Zyklus der Jahreszeiten wiederholt sich immer wieder von Neuem – und so ist es auch in unserem Leben. Daher kann es hilfreich sein, zu schauen, in welcher Phase seines Lebens man sich gerade befindet. Zum Beispiel im Hinblick auf ein bestimmtes Projekt: Bin ich in der Phase des Frühlings, in der die Idee gerade erst geboren wird, dann kann ich auch nicht erwarten, dass sie morgen bereits Früchte tragen wird. Oder ist mein Vorhaben bereits im Herbst angelangt, sodass es an der Zeit ist, Bilanz zu ziehen. Hinsichtlich einer kriselnden Freundschaft oder Partnerschaft ist in dieser Phase vielleicht der Punkt erreicht, nach innen zu schauen, um sich über einige Dinge klarzuwerden. Liegt das Problem bei mir, und muss ich in mir selbst etwas klären, was der andere mir spiegelt? So merke ich zum Beispiel, dass ich mich jedes Mal, nachdem ich eine langjährige Freundin gesehen habe, nicht gut fühle.

Die Jahreszeiten …

Ich bin unausgeglichen, frustriert und irgendwie eigenartig. Dann sollte ich schauen, woran das liegen könnte. Spiegelt sie mir etwas aus meinem Leben? Wo im Leben bin ich nicht im Einklang mit mir selbst? Oder muss ich lernen, mich besser abzugrenzen? Oder hat sich die Freundschaft auseinanderentwickelt, und ich habe es mir noch nicht eingestanden?

Sicher hat es so manche harte Winter gegeben, die ihre Spuren hinterlassen und dir etwas von deiner Unbeschwertheit und Naivität genommen haben. Das geschieht meist dann, wenn du einen Schicksalsschlag durchleben musstest. Wenn du zum Beispiel plötzlich deine Arbeit verloren hast oder ein geliebter Mensch dir sehr wehgetan hat. Dein Herz wurde dabei verletzt, und du hast automatisch eine Schutzwand um dich herum aufgebaut. Zum damaligen Zeitpunkt war der Schutz sehr wichtig und dir auch dienlich. Als dein Herz wieder heilen durfte und du zum Beispiel eine neue Arbeitsstelle gefunden hast, hat diese Schutzwand ihren Zweck verloren. Wenn du aber weiterhin in dieser Schutzhülle lebst, kann sich dein Leben nicht mehr frei entfalten. Der natürliche Fluss kommt ins Stocken, und du bist abgeschnitten von allem. Du bist zwar mitten im Geschehen, empfindest dich aber häufig als isoliert, und dir fällt auf, dass die Menschen dir nicht nahekommen möchten. Du selbst fühlst dich wie in Watte gepackt und kommst nicht richtig an die anderen Menschen heran – und sie nicht an dich. Sie spüren instinktiv die Mauer um dich herum, auch wenn du dir dessen gar nicht bewusst bist und dich immer wieder fragst, warum du dich oft so einsam fühlst und – wahrscheinlich auch häufig ungewollt – alleine bist.

Wenn dies in deinem Leben der Fall sein sollte, dann ist es Zeit für den Frühling, denn das ist die Jahreszeit, in der die Sonne wieder in deinem Leben scheinen darf. Wenn du eine Wand um dich herum aufgebaut hast, ist nun der richtige Zeitpunkt gekommen, alle Türen und Fenster aufzureißen und dich von Licht und Wärme beleben zu lassen. Es ist auch Zeit, zu schauen, welche Schmerzen und Verletzungen noch vorhanden sind und geheilt werden möchten. Die dunkle und kalte Winterzeit hatte die Aufgabe, dich etwas zu lehren. Lasse nicht zu, dass der Winter für immer bleibt! Komme heraus aus deiner Schutzhöhle – mögen die Erfahrungen auch noch so schmerzhaft gewesen sein.

Übung: Mauern niederreißen

Gehe hinaus in die Natur, und suche dir einen schönen Ort. Atme tief und ruhig ein und aus, und versuche, dich zu entspannen. Dann verbinde dich mit deinem Herzen. Gehe mit deiner ganzen Aufmerksamkeit in dein Herz. Spüre, ob es frei ist. Kann die Liebe frei fließen? Oder hat sich dein Herz hinter etwas verborgen? Wenn ja, versuche nun zu spüren, um was es sich dabei handeln könnte: Ist es eine Mauer oder eine Glaswand? Befindet sich dein Herz in einer Art Glaskugel oder unter einer Decke? Ist es in Watte gepackt, von Beton umgeben oder besteht eine Eisschicht um dein Herz herum?

Falls es eine Mauer ist: Aus welchem Material besteht diese? Ist es Zement, sind es Steine? Nimm das, was um dein Herz herum ist, sehr bewusst wahr. Spüre es, auch wenn es unangenehm werden könnte, in seiner ganzen Deutlichkeit. Es war dir einst hilfreich und dienlich, aber jetzt hindert es dich daran, neue und liebevolle Erfahrungen zu machen.

Wenn die Blockade um dein Herz aus einer Mauer besteht, möchtest du die Steine vielleicht ganz bewusst Stück für Stück abtragen. Oder du möchtest sie ganz schnell loswerden und sprengst sie einfach weg. Lasse deine Intuition entscheiden, was für dich das Richtige ist. Vielleicht lassen ja auch die Sonnenstrahlen die Wände schmelzen. Stelle dir bildlich vor, auf welche Art du diese Mauer am besten verschwinden lässt. Vielleicht brauchst du auch mehrere Meditationen, bis sich die Mauer vollständig auflöst.

Bitte die Naturwesen, auf die ich im Kapitel »Die (un-)sichtbaren Helfer im Wald« ab S. 74 ff., noch ausführlich zu sprechen komme, dir dabei zu helfen, diese Wand oder Mauer, die du während der Zeit des Eises und der Dunkelheit um dich herum errichtet hast, niederzureißen. Vielleicht hast du eine gute Verbindung zu den Bäumen, dann bitte sie, dir zu helfen. Oder du fühlst dich verbunden mit den Elfen und Feen? Auch sie helfen dir gerne dabei. Oder du möchtest ganz allgemein den Wald um Hilfe bitten? Du kannst auch die Engel oder Gott bitten, dir zu helfen, zum Beispiel mit dem nachfolgenden Gebet.

Lieber Gott, liebe Engel,

ich bitte euch von ganzem Herzen um eure Hilfe. Ich möchte all das entfernen, was um mein Herz herum ist und mich daran hindert, meine Liebe frei fließen zu lassen. Befreit mein Herz von all den alten Blockaden. Es ist mein Geburtsrecht, ein

Die Jahreszeiten …

glückliches, zufriedenes und erfülltes Leben zu führen. Helft mir, all die Hindernisse wegzuräumen, die sich mir in den Weg stellen. So kommt meine Liebe wieder in den Fluss, sodass ich sie erneut allen Menschen, Pflanzen und Tieren großzügig weitergeben und so dazu beitragen kann, dass diese Erde ein Ort der Liebe und des Friedens wird.

Ich danke euch für eure Hilfe und Liebe.

Amen

Sobald du die hinderlichen Mauern zu Fall gebracht hast, schaue dir ganz bewusst an, was dahinter zum Vorschein kommt. Vielleicht kannst du nun erst erkennen, welche Verletzung oder welches Ereignis dich dazu veranlasst hat, einen Schutzschild um dich herum zu errichten. Nimm diesen Teil, also alles, was durch dieses Ereignis entstanden ist, all deine seelischen Schmerzen, Verletzungen, das ganze Leid, was bis heute nicht geheilt werden konnte, wieder zurück zu dir. Du kannst ihn auch vor dich hinstellen oder in deine offenen Arme schließen. Überschütte ihn mit Liebe und Aufmerksamkeit, gib ihm all das, was er braucht – als wäre er ein trauriges, kleines Kind, das getröstet werden will. Danach nimmst du diesen Teil wieder ganz in deinem Herzen auf.

Praktiziere diese Übung so lange, bis du spürst, dass dieser Teil wieder voller Liebe, geheilt und in dir und deinem Herzen integriert ist.

Meist muss man diese Übung mehrmals machen, bis sich eine Besserung und eine Erleichterung einstellt. Es braucht Zeit und Ausdauer, bis die alten Mauern fallen, du wieder Zugang zu deinen verdrängten Verletzungen und Gefühlen erhältst und Symptome langsam weniger werden. Gib dir die notwendige Zeit dafür, und beglückwünsche dich, dass du so mutig warst, diesen verlorenen Teil von dir anzuschauen. Wenn der Schmerz und das Leid aber bis heute sehr präsent sind, beginne gleich mit der Heilmeditation, wie sie im Kapitel »Heilung mithilfe des Waldes« auf S. 107 ff. beschrieben ist. Diese Herzmeditation ist eine gute Ergänzung. Habe dabei viel Geduld mit dir selbst, und sei für jeden kleinsten Fortschritt dankbar. So kann es sich ergeben, dass du wieder leichter Zugang zu deinem Herzen hast, dich besser spüren und fühlen kannst. Es kann am Anfang unangenehm sein, gewisse Dinge wieder so klar zu spüren. Dann wird dir vielleicht erst richtig bewusst, welch ungeahnte Gefühle sich eigentlich in deinem Herzen befinden.

Mache es dir zur Gewohnheit, das Gebet aus dieser Übung eine Zeit lang täglich zu beten. Vertraue darauf, dass dir Hilfe und Unterstützung zuteilwerden und du es schaffen wirst, die Blockaden nach und nach aufzulösen.

Nimm dir Zeit, dich um dich selbst zu kümmern. Achte darauf, dir selbst viel Liebe und Aufmerksamkeit zu schenken. Du bist es dir wert! Wenn jeder Mensch aufmerksam gegenüber sich selbst wäre,

genau hinschauen würde, was er braucht und was ihm guttut, und sich unabhängig von dem machen würde, was andere Menschen denken und zu wissen meinen, dann müsste man seine eigenen Probleme nicht auf die Umwelt projizieren und Unstimmigkeiten, Streit und sogar Kriege anzetteln. Jeder wäre dann so mit sich selbst beschäftigt, dass die Zeit und das Interesse fehlen würde, andere zu be- und verurteilen. Auch hätte man dann ein besseres Gespür dafür, dass wir alle miteinander verbunden sind, sodass man sich anderen Menschen gegenüber freundlicher und zuvorkommender verhalten würde. Unsere Welt wäre sicher bald ein wunderbar friedlicher, freundlicher und harmonischer Ort.

Affirmationen:

Voller Liebe lasse ich die Vergangenheit los
und nehme mich selbst in die Arme.
Ich liebe und schätze mich.
Ich akzeptiere mich so, wie ich bin.
Ich bin liebenswert.

Nichts ist für mich mehr Abbild
der Welt und des Lebens
als der Baum.

Vor ihm würde ich
täglich nachdenken,
vor ihm und über ihn ...

Christian Morgenstern
(1871–1914)

Die Bedeutung des Sonnenlichtes

Jede Pflanze braucht Licht, um zu wachsen und zu überleben. Wir Menschen hingegen scheinen immer wieder zu vergessen, wie wichtig Sonnenlicht auch für uns und unser Wohlbefinden ist. Wir nehmen dies erst wieder wahr, wenn wir uns antriebslos und verstimmt fühlen, weil uns zum Beispiel im Herbst und Winter Sonnenlicht fehlt. Menschen, die sensibel auf UV-Lichtmangel reagieren, haben ein besonderes Gespür dafür, was das (Sonnen-)Licht alles bewirken, ja, welch wahre Medizin es sein kann. Aber wir müssen nicht erst krank werden, um uns die Wichtigkeit des Lichts bewusst zu machen.

UV-Licht können wir tagsüber eigentlich immer tanken, auch wenn es gerade schneit, regnet oder bewölkt ist. Dein Körper braucht täglich eine Dosis Licht, auch wenn es nur zehn Minuten sind. Besser wäre natürlich eine halbe Stunde. Wichtig ist aber die Regelmäßigkeit. Nutze daher jeden Moment, um Tageslicht zu tanken – und

»nebenher« noch etwas frische Luft zu schnappen. Dein Körper und dein Gemütszustand werden es dir danken. Noch besser ist es natürlich, wenn du deine »Licht-Kur« mit Bewegung kombinierst, indem du zum Beispiel regelmäßig Spaziergänge oder Fahrradtouren in der Natur unternimmst, weil dein Körper durch die Bewegung zusätzlich noch Glückshormone ausschüttet. Wenn du dabei noch bewusst die verschiedenen Farbtöne genießt, den Himmel beobachtest und auf die Geräusche der Natur achtest, hast du eine große Portion »Medizin« von Mutter Natur erhalten, was für dich und deinen Körper eine wahre Wohltat sein wird. Achte dabei auch gezielt auf deine Gedanken: Sei ganz bewusst im »Hier und Jetzt«, in der schönen Natur, und bringe deine Sinne immer wieder hierher zurück, falls sie wieder einmal abdriften.

Stelle dir vor, du würdest, wenn du draußen bist, ganz bewusst alle Poren deines Körpers öffnen, um die gute Energie mit allen Fasern aufzunehmen. Je bewusster du das machst, desto mehr Energie kannst du aufnehmen. Die nachfolgende Übung hilft dir dabei, wenn du noch nicht vertraut damit bist, dich ganz und gar zu öffnen.

Die Bedeutung des Sonnenlichtes

Übung: Sich für das Licht der Sonne öffnen

Am besten machst du diese Übung irgendwo draußen im Wald, wo du ungestört bist. Suche dir einen Platz, der dir geeignet erscheint – das kann sowohl mitten auf einer Wiese, an einem Bach oder auf einem alten Baumstumpf sein. Komme mit deinem Bewusstsein ganz bei dir und in deinem Körper an. Spüre in ihn hinein. Wie fühlt sich dein Körper jetzt gerade, in diesem Moment, an? Spürst du alle Körperteile, oder gibt es Bereiche, die du kaum oder nur wenig wahrnimmst? Wenn Letzteres der Fall ist, kannst du dir helfen, indem du die betroffenen Stellen sanft mit der Hand abklopfst.

Verurteile oder beurteile nicht, nimm bloß zur Kenntnis, was ist, und und beobachte es. Spürst du irgendwo im Körper Spannungen oder sogar Schmerzen? Ist dir warm oder kalt? Sind deine Füße gut durchblutet? Wenn nicht, solltest du dich erden, bevor du mit der folgenden Übung beginnst (siehe Übung »Erdung« im Kapitel »Erde dich« ab S. 28).

Stelle dir vor, du würdest auf einer großen Blumenwiese sitzen. Es ist Morgen, und die Luft ist noch ein wenig kühl, aber sehr angenehm, und du kannst die Vögel zwitschern hören. Da es noch so früh ist, ist die Natur noch unberührt. Du entspannst dich immer mehr und genießt diesen Moment in vollen Zügen. Du fühlst dich verbunden und eins mit der Natur. Die Sonne steigt in die Höhe und strahlt immer mehr auf deinen Körper. Du kannst die Strahlen auf deiner Haut spüren, sie wärmen und vitalisieren dich zugleich.

Die Blumen beginnen langsam, ihre Blütenblätter zu öffnen. Du bist so verbunden und eins mit deiner Umgebung, dass mit dir dasselbe geschieht. Es ist, als ob deine Hautoberfläche über und über mit vielen schönen Blütenknospen bedeckt sei, die sich jetzt durch die Wärme und die Sonnenstrahlen immer weiter zu öffnen beginnen. Dadurch, dass die Blütenblätter sich öffnen, kannst du viel mehr Licht aufnehmen als sonst. Du hast nun Hunderte von Blütenblättern auf dir, durch die ganz viel Licht in deinen Körper gelangen kann – ein unbeschreiblich schönes Gefühl. Du spürst, dass dein ganzer Körper immer wärmer und vitaler wird. Durch jede Blüte lässt du noch mehr Licht in deinen Körper fließen, immer mehr und mehr ...

Du bleibst so lange in diesem Gefühl, wie es dir angenehm ist. Dann kommst du langsam wieder zurück ins »Hier und Jetzt«, nimmst deine Umgebung wieder ganz bewusst wahr und atmest einige Male tief ein und aus. Danach öffnest du die Augen mit der Gewissheit, dass du deinem Körper eine wahre Wohltat gegönnt und ihm Gutes getan hast. Ein Gefühl der Dankbarkeit stellt sich ein.

Damit diese Übung ihre Wirkung gut entfalten kann, ist es jedoch hilfreich, wenn du 5 bis 15 Minuten in dieser Medita-

tion verweilst. Danach beginne, dich langsam zu recken und zu strecken, und komme mit einem Lächeln auf den Lippen wieder in dein Tagesbewusstsein zurück.

Sämtliche Lebewesen, Pflanzen und Tiere, wachsen und bewegen sich immer wieder automatisch zum Licht hin. Egal, wie du eine Pflanze hinstellst oder ausrichtest – sie wird sich immer wieder aufs Neue zum Licht hin ausrichten und in Richtung Sonne wachsen.

Mit dieser Eigenschaft können uns Pflanzen ein gutes Beispiel sein, denn genau so sollten wir Menschen dies auch tun. Egal, was in deinem Leben gerade geschieht, solltest du dich immer wieder auf das Positive, Schöne und Lichtvolle ausrichten. Wenn du das konsequent tust, wirst auch du dich optimal entwickeln.

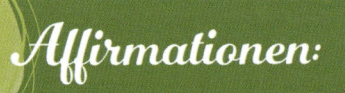

Affirmationen:

Ich bin offen, um das Licht in jede Zelle
meines Körpers fließen zu lassen.
Ich bin offen und empfänglich für das Licht.
Jede Zelle meines Körpers ist mit
Licht angefüllt.

Geh',
wenn dein Herz
voll Leid und Gram,
dich tief im Walde
auszuweinen,
und ob die Welt
dir alles nahm,
der Wald lässt
ungetröstet keinen.

Martin Hermann Kiehne
(1855–1937)

Der Fluss des Lebens

Wenn du mit dem natürlichen Fluss des Lebens fließt, geht dir alles leicht und mühelos von der Hand. Du fügst dich, setzt dich gegen etwaige Lernerfahrung nicht zur Wehr und weißt die äußeren Umstände positiv für dich zu nutzen, der Natur ihren Lauf zu lassen.

Du vertraust auf deine Intuition und stellst dich dem Schicksal nicht in den Weg, indem du stur deine vorgefassten Pläne umsetzt. Du bist stets flexibel und offen für sich ergebende Alternativen. Du bist ein Meister darin, aus der Not eine Tugend zu machen. Ein Beispiel wäre hier die arbeitslose Erzieherin, die mit anderen Eltern einen »Kinderladen« eröffnet, oder die Mutter eines behinderten Kindes, die einen Ratgeber für betroffene Familien schreibt und eine Selbsthilfegruppe gründet.

Zunächst muss man aber erst einmal wieder mit diesem Strom des Lebens in Verbindung kommen. Denn für viele von uns ist dies keine Selbstverständlichkeit.

Übung: Wieder in den Fluss des Lebens kommen

Du kannst diese Übung sowohl in der Natur als auch bei dir daheim machen. Suche dir einen gemütlichen Platz, und setze oder lege dich bequem hin. Entspanne dich, und atme einige Male tief ein und aus, bis du innerlich ganz ruhig, gesammelt und bei dir angekommen bist.

Stelle dir einen Wasserfall oder einen Bach vor, umgeben von unberührter Natur. Das Wasser fließt kontinuierlich, leicht und mühelos. Es ist ein ständiges Werden und Vergehen, und das Wasser ist klar, frisch und rein. Du kannst das Rauschen des Wassers ganz deutlich hören. Nun stellst du dich in Gedanken unter den Wasserfall oder mitten in den Bach hinein, sodass das Wasser dich umfließen kann. Lasse alles los, was dich blockiert. Stelle dir vor, wie alle Spannungen und Probleme von dir abperlen, und übergib sie dem Wasser, das alles leicht und mühelos aufnimmt und mit sich fortträgt. Falls du irgendwo im Körper Probleme oder Schmerzen hast, lasse bewusst an dieser Stelle los. Lasse zu, dass das Wasser dich von diesen Schmerzen

oder deren Ursache reinigt. Du kannst diesen Vorgang mit den Worten »Ich lasse alle Blockaden auf allen Ebenen los, und komme wieder in den Fluss des Lebens« noch unterstützen und verstärken. Lasse alles fließen, denn das ist dein natürlicher Zustand. Du brauchst nichts zu tun oder zu verändern, lasse einfach zu, dass alles wieder in den Fluss des Lebens kommt. Versuche nicht, etwas krampfhaft festzuhalten oder erzwingen zu wollen. Übergib dich ganz dem Fluss des Lebens. Es ist ein wunderbares, sehr angenehmes Gefühl der Leichtigkeit. Speichere es in deinem Körper ab, sodass du es jederzeit abrufen kannst. So kannst du dich immer wieder, wenn du im Alltag blockiert bist oder nicht mehr weiterkommst, an dieses Gefühl erinnern. Nimm diese Erinnerung also mit in dein Tagesbewusstsein, und komme mit einigen tiefen Atemzügen wieder ganz zurück in den gegenwärtigen Moment.

Falls du bei einem Spaziergang im Wald an einem Bach oder Wasserfall vorbeikommst, nimm dir einen Augenblick Zeit. Höre und sieh dem Wasser zu, wie es mühelos und ohne Anstrengung fließt. Beobachte diesen immerwährenden Prozess. Das kann dir helfen, wieder in den Fluss des Leben zu kommen. Auch die Affirmationen am Ende dieses Kapitels unterstützen dich dabei.

Was blockiert den Fluss? Ängste und Sorgen blockieren diesen Fluss. Auch zu grübeln, zu sehr »verkopft« und angespannt sowie in der Routine verhaftet zu sein verhindert, dass wir unser Inneres Kind ausleben und uns Raum für spontane Entscheidungen lassen. Daher solltest du dich nicht auf die Hindernisse fokussieren – denn dadurch werden sie noch größer und mächtiger –, sondern auf das Fließen. Wenn du den Fluss zulässt, kann alles, was du im Leben brauchst, zu dir »fließen«, das ist ein ganz natürlicher Vorgang.

Was unterstützt den Fluss? Freude, Spiel, Lachen, Spaß, Lebensfreude, Unbeschwertheit. Voller Vertrauen seinen Weg zu gehen, immer bewusst mit dem Göttlichen verbunden zu sein, mit offenem Herzen geben zu können, ohne dafür etwas zu erwarten. Weit, entspannt, spontan, wieder wie ein Kind sein. Alles ist im Fluss, alles fließt leicht und mühelos. Vertraue dich dem Fluss des Lebens an – und du bekommst dafür Freude, Leichtigkeit und Gelassenheit und noch viel mehr geschenkt – all die Dinge, die das Leben so schön und lebenswert machen.

Wenn eine Pflanze an einem Ort zu wachsen beginnt, kann nicht genau gesagt werden, wie sie sich entwickeln wird. Gewisse Anlagen sind im Samen gespeichert und vorgegeben, andere Eigenschaften ergeben sich aus den äußeren Umständen wie Standort, Erdbeschaffenheit, Sonneneinstrahlung, Klima. Es kann sein, dass eine Pflanze, zum Beispiel ein Baum, die optimalen Bedingungen hat, um bestens zu wachsen und prächtig zu gedeihen – und dennoch wächst sie nicht richtig, entwickelt nur einen dünnen Stamm und hat immer

wieder kranke oder abgestorbene Äste. Andererseits kann es vorkommen, dass ein Baum unter schweren Startbedingungen – möglicherweise auf einem Felsen – wächst und so manchem heftigen Sturm trotzen muss – und sich trotzdem zu einem prachtvollen und starken Baum entwickelt.

Wir wissen nie ganz genau, was das Universum mit uns vorhat. Wir machen Pläne und versuchen, diese mit allen erdenklichen und uns zur Verfügung stehenden Mitteln zu verwirklichen – und es kann sein, dass uns dabei immer wieder Steine in den Weg gelegt werden oder es schlicht und ergreifend einfach nicht funktioniert. Es ist immer gut, Pläne zu machen und Wünsche oder Ziele zu haben. Erkenne aber auch, wenn das Leben etwas anderes mit dir vorhat. Sei dann, wenn dir dies bewusst wird, flexibel, und passe deine Pläne an – oder ändere sie.

Die Weisheit des Waldes heißt in diesem Fall, dem Fluss des Lebens – oder auch der Natur – seinen oder ihren Lauf zu lassen. Nutze diese Weisheit in deinem Leben, und setze sie ganz bewusst um.

Affirmationen:

Ich fließe mit dem Fluss des Lebens.
Ich bin im Fluss des Lebens.
Ich bin flexibel.

Die höchste Richterin über alle Irrtümer
der Vergangenheit und Gegenwart
und die einzige Prophetin
der notwendigen Zukunft
ist die große Natur, in der wir ruhen
wie die Erde in den sanften
Armen der Atmosphäre.

Ralph Waldo Emerson
(1803–1882)

Tag und Nacht

Der Wechsel der Tageszeiten entspricht dem Prinzip von Yin und Yang. Der Tag ist die Zeit des Kreativ- und Produktivseins. Die Nacht ist die Zeit der Ruhe, der Erholung, der Entspannung und der Regeneration. Es ist wichtig, dass du beiden Aspekten die notwendige Beachtung und Wichtigkeit in deinem Leben einräumst. Wenn es Phasen in deinem Leben gibt, in denen es nicht zu verhindern ist, dass du länger arbeiten und mehr leisten musst, räume dem anderen Aspekt, der Erholung und der Ruhe, danach wieder mehr Zeit ein. Es muss stets einen Ausgleich geben. Vielleicht nicht immer sofort, aber auf längere Sicht ist es wichtig, dass sich das Yin und das Yang im Gleichgewicht befinden, sonst wird dein Körper oder deine Psyche gezwungen sein, dir in Form von Krankheiten, Schmerzen, Unausgeglichenheit, Müdigkeit oder »Verstimmtsein« Probleme zu machen, und dich auf diese Weise zwingen, deine so dringend notwendigen Ruhepausen einzuhalten. Auch Zeiten des süßen Nichtstuns können ihren sinnvollen Nebeneffekt haben, weil dir dann beispielsweise ganz neue Ideen und beste Einfälle kommen. Mit dem Nichtstun ist aber nicht gemeint, stundenlang vor dem Fernseher zu sitzen. Gönne dir Zeiten zu Hause, in denen wirklich Ruhe herrscht, ohne dass das Radio im Hintergrund läuft. Meditiere, lies ein inspirierendes Buch, mache Yoga, höre schöne, ruhige Musik, und lausche dabei ganz bewusst. Nimm dir Zeit zum Träumen, entspanne deinen Körper, und schenke ihm die Aufmerksamkeit und die Liebe, die er nach aktiven Phasen verdient hat. Und ansonsten gilt auch hier: Gehe in den Wald, in die Natur. Der Wald hilft dir gerne bei deiner Regeneration.

Wir müssen uns wieder mehr dem Weiblichen, also dem Yin, widmen. Die letzten Jahre und Jahrzehnte standen unter den männlichen Prinzipien wie Macht, Aktivität, Erschaffen, Kontrolle, Ehrgeiz, Wissenschaft, logisches Denken … solche, die der linken Gehirnhälfte zugeordnet sind. Jetzt ist es an der Zeit, einen Ausgleich zu schaffen, indem wir vermehrt die rechte Gehirnhälfte aktivieren sowie die weiblichen, sanften Aspekte betonen, wie zum Beispiel Kreativität, Empfänglichkeit, bedingungsloses Geben, sich um andere kümmern, soziales Handeln, Mitgefühl, Loyalität und so weiter. Unser Ziel ist die vollkommene Harmonie und das absolute Gleichgewicht von Yin und Yang, also der männlichen und weiblichen Aspekte.

Jetzt ist die Zeit reif dafür, die weiblichen Seiten in seinem Leben zu betonen und zu leben. Für Frauen heißt das, wieder in die eigene Kraft zu kommen. Viele Frauen haben Angst vor ihrer eigenen Stärke. Dabei ist genau diese weiche und weibliche Energie, diese Yin-Kraft, von großer Bedeutung und Wichtigkeit.

In der Philosophie des Yoga wird die weibliche Energie auch die Mondenergie genannt. Der Mond symbolisiert auf wunderbare Weise die verschiedenen Energiezyklen. Er ist auch das Symbol für Leben, für Veränderungen, die Seele und die Gefühlswelt. In diesem Zustand der Veränderungen und Umbrüche ist es nicht nur für Frauen äußerst hilfreich, sich wieder mit dem Mond zu verbinden. Auch für Männer kann es sehr förderlich sein, den Mond und seine Zyklen zu beobachten und sein Leben nach diesem Rhythmen zu gestalten. In Verbindung mit dem Mond zu leben heißt, auch wieder mit dem Kreislauf des Leben mitzufließen und diesen bewusst für sein Leben zu nutzen.

Affirmationen:

Ich bin das göttlich Weibliche.
Ich bin das göttlich Männliche.
Meine weiblichen und männlichen
Aspekte sind perfekt ausgeglichen.*

*Affirmation von Willy Hauser

Der Wald ist ein besonderes
Wesen, von unbeschränkter
Güte und Zuneigung,
das keine Forderungen
stellt und großzügig
die Erzeugnisse
seines Lebenswerkes
weitergibt;
allen Geschöpfen
bietet er Schutz
und spendet Schatten
selbst dem Holzfäller,
der ihn zerstört.

Siddhartha Gautama Buddha
(563–483 v. Chr.)

Die Weisheiten
des Waldes ...
und wie sie
in deinem Leben
wirken dürfen

Die (un-)sichtbaren Helfer im Wald

Es gibt im Wald noch eine Reihe unsichtbarer Helfer, die dich unterstützen möchten und dir ihre Hilfe anbieten. Wir kennen sie aus Märchen oder Kinderbüchern. Es sind Elfen, Feen, Gnome, Zwerge, Kobolde … Unglücklicherweise werden diese von den meisten Menschen, die sehr kopflastig und wissenschaftlich orientiert sind, als Unfug und Fantasterei abgetan.

Dabei ist es ein Trugschluss, zu glauben, dass bloß die Dinge existieren, die wir beweisen und mit unseren physischen Augen sehen können. Die Energie des Waldes ist ja auch nicht sichtbar. Ein Beispiel hierfür ist das Phänomen, dass Pflanzen, um die man sich besonders liebevoll und aufmerksam kümmert, ja, mit denen man sogar spricht, deutlich größer und prächtiger gedeihen als diejenigen, denen diese Liebe und Aufmerksamkeit nicht zuteilwird. Dabei kommuniziert der kundige Gärtner oder Hobby-Züchter nicht nur mit der Pflanze selbst, sondern meist unbewusst auch mit deren geistigen Helfern. Es ist nämlich so, dass Menschen, die sich wirklich um ihre Pflanzen und deren Wohlergehen bemühen, Hilfe und Dank vonseiten der geistigen Helfer zuteilwird.

Aber wer oder was genau sind denn nun diese Naturgeister, die bereits in der Mythologie und in alten Überlieferungen erwähnt wurden? Es sind Wesen, die von feinstofflicher Art sind. Man kann sie mit dem bloßen Auge nicht sehen – oder zumindest nur wenige Menschen sind dazu in der Lage. Aber dennoch existieren sie, und zwar sehr zahlreich und in verschiedensten Erscheinungsformen. Jedem dieser Wesen ist ein bestimmter Fels, eine Pflanze oder ein Gewässer zugewiesen. Die Naturwesen sind friedliche Wesen und sehr hilfsbereit, wenn man sie respektiert und wertschätzt. Sie sind überall im Wald oder auf Grünflächen. Aber an märchenhaften, verwunschenen Plätzen kann man sie am besten wahrnehmen, zum Beispiel in der Nähe eines Baches oder am Waldrand. Sie haben in ihrem Aussehen eine gewisse Ähnlichkeiten mit Menschen, verhalten sich ihnen gegenüber jedoch eher zurückhaltend, scheu und abwartend. Ihnen wurde von uns Menschen bereits viel Schlechtes angetan, sodass sie eher vorsichtig geworden sind. Wir müssen ihr Vertrauen erst wieder zurückgewinnen. Wenn uns dies gelungen ist, können sie uns auf vielfältige und überraschende Art und Weise helfen. Sie sind in der Lage, den Charakter eines Menschen sehr schnell zu erfassen, und wissen meist innerhalb kürzester Zeit, wem sie vertrauen können und von welchen Menschen sie besser

Abstand halten. Wenn sie einmal wütend gemacht werden, können sie viel Unheil anrichten, aber eigentlich sind sie äußerst friedliche Wesen mit einem manchmal etwas frechen, lausbübischen Wesen.

Zum Volk der Naturgeister gehören auch die Feen und Elfen. Sie sind von ihrem Wesen her sehr fein, und ihre Energien können uns auf eine sehr schöne Art und Weise einhüllen, beruhigen und besänftigen. Der Vergleich mit einer Mutter, die ihr Kind tröstet, aufmuntert und ermutigt, passt hier sehr gut.

Dass sie bei den meisten Menschen in Vergessenheit geraten sind, ist sehr bedauerlich, denn Feen, Elfen, Gnome und all die anderen Naturgeister könnten uns Menschen eine wertvolle Unterstützung auf dem Weg zu uns selbst und zu unserem Glück (dem Paradies auf Erden) sein. Wir müssen uns und unser Herz nur für ihre Hilfe öffnen.

Auch dir würden sie sehr gerne helfen – und im Gegenzug höchstens die Bitte an dich richten, sie wieder mehr in dein Bewusstsein und auch das anderer Menschen zu holen.

Die unsichtbaren Naturwesen leiden, wenn du dich in der Natur respektlos verhältst, zum Beispiel laute Musik im Wald hörst. Es ist für sie wie für dich, wenn jemand Fremdes in deine Wohnung eindringt und dort laut herumbrüllt oder sich auf andere Weise unhöflich verhält. Auch leiden sie, wenn du dich wahllos im Wald bedienst, zum Beispiel beim Pilze-, Kräuter- oder Holzsammeln, ohne vorher innerlich um Erlaubnis zu bitten. Es wird ganz selten ein Nein kommen, aber es geht darum, den angebrachten Respekt und die Wertschätzung gegenüber allen Lebewesen zu bewahren. Du gehst ja auch nicht zu deinem Nachbarn in die Wohnung und bedienst dich, ohne zu fragen, an seinem Kühlschrank. Also: Wenn du dich im Wald aufhältst, dann betrachte dich als Besucher eines eigenständigen und unter allen Umständen zu respektierenden Lebensraums. Du bist dort jederzeit willkommen, aber betrachte diesen Ort nicht als dein Eigentum. Das Gleiche gilt, wenn du eine große Wiese überquerst oder abseits vom Weg durch den Wald gehst. Informiere die Naturwesen gedanklich, dann wird deine Anwesenheit von ihnen jederzeit sehr geschätzt, und du bist ein gern gesehener Gast.

Wenn du einen eigenen Garten hast, schätzen es beispielsweise Feen enorm, wenn du ihnen vor dem Rasenmähen kurz in Gedanken Bescheid gibst. So haben sie genügend Zeit, ihre Energien zurückzuziehen.

Die (un-)sichtbaren Helfer …

Die wenigsten Menschen können, wie gesagt, die Naturwesen sehen, also sei nicht enttäuscht, wenn es dir nicht (oder noch nicht) gelingen sollte. Mit etwas Übung kannst du sie aber spüren. Es fühlt sich dann beispielsweise so an, als wenn eine Person ganz intensiv und liebevoll an dich denkt und du ein Kribbeln empfindest. Oder du nimmst deutlich wahr, dass etwas in deiner Nähe ist und dich beobachtet, obwohl weder ein Mensch noch ein Tier zu sehen ist. Die Energie dieser Wesen ist für die meisten Menschen sehr ungewohnt und unterscheidet sich von der Energie, die wir tagtäglich in unserer gewohnten Umgebung wahrnehmen. Oder du siehst plötzlich Bilder von kleinen Lebewesen, die du nur aus Märchen kennst. Wenn du dich oft in deinem Garten oder an deinem Lieblingsplatz in der Natur aufhältst und respekt- und liebevoll versuchst, Kontakt aufzunehmen, wird sich das Wesen, das sich dort aufhält, auch auf die eine oder andere angenehme Art bemerkbar machen. Sei offen, wachsam und dankbar dafür.

Übung: Verbindung mit den Naturwesen aufbauen

Gehe in den Wald, und suche dir einen ruhigen Ort, an dem du dich wohlfühlst und von dem du den Eindruck hast, dass dort viele Naturgeister leben. Wenn du einen Garten hast, den du liebevoll pflegst, und gerade keine Zeit hast, in den Wald zu gehen, kannst du die Übung auch dort machen. Nimm eine Körperhaltung ein, die für dich bequem ist. Wenn es dir nicht möglich ist, zu sitzen, kannst du dich auch gerne bequem hinstellen oder dich an einen Baum anlehnen.

Atme ein paar Mal tief in den Bauch ein und wieder aus. Lasse alles los, was dich zur Zeit beschäftigt. Stelle dir vor, wie deine Gedanken sich regelrecht in Luft auflösen. Oder – wenn das nicht hilft – kannst du den Wald bitten, dir all das abzunehmen, was dich daran hindert, innerlich ruhig zu werden. Stelle dir dabei die Energie des Waldes als eine grüne Wolke vor. Du lässt dich von dieser grünen Wolke vollkommen einhüllen. Dann übergibst du ihr alles, was dich beschäftigt und daran hindert, in die Stille einzutauchen. Fühle, wie du immer leichter und entspannter wirst. Dann konzentriere dich auf deinen Geruchssinn. Was kannst du riechen, welche Düfte sind um dich herum? Riecht etwas besonders stark? Oder sind es verschiedene Düfte, die sich vermischen? Riechst du vor allem die

Frische des Waldes? Oder ist es etwas anderes? Lasse dir Zeit,
es genau herauszufinden.
Dann wanderst du mit deiner Aufmerksamkeit zu deinem
Gehör. Welche Geräusche nimmst du wahr? Ist es vollkom-
men still, oder kannst du Vögel hören? Nimmst du noch an-
dere Tiere wahr, zum Beispiel Insekten? Rauscht irgendwo ein
Bach? Welche Geräusche des Waldes magst du am liebsten?
Kannst du dieses Geräusch im Moment hören? Wenn du ganz
und gar zur Ruhe gekommen bist, konzentriere dich auf deine
Absicht, dich mit dem Reich der Naturwesen zu verbinden.
Werde dir noch einmal bewusst, dass dies die Absicht dieser
Meditation ist.

Verbinde dich gedanklich mit den unsichtbaren Wesen um dich
herum. Frage sie als Erstes, ob du etwas für sie tun kannst, und
warte geduldig ab. Vielleicht erhältst du die Antwort in Form
einer Farbe, eines Symbols oder eines Wortes. Doch meist ist
es etwas ganz Konkretes. Vielleicht braucht ein kranker Baum
deine Segnung (dann kannst du dies mit den Worten »Ich segne
dich mit Licht, Liebe und Vitalität« tun), oder es liegen Papier-
schnipsel oder sonstige Abfälle herum, die du einsammeln und
entsorgen kannst. Manchmal sind die Naturgeister schon da-
rüber glücklich, dass da ein menschliches Wesen ist und sich
respektvoll ihnen gegenüber verhält und sogar auf liebevolle
Weise Kontakt zu ihnen sucht.

Wenn du nun aber das Gefühl hast, dass keine Antwort kommt, mache das, was dir intuitiv richtig erscheint. Zum Beispiel kannst du dem Wald und seinen (un-)sichtbaren Bewohnern danken. Sprich ein kurzes Gebet für sie, oder schicke ihnen einfach in Gedanken deine Liebe. Dann erzähle den Naturgeistern von deinen Sorgen und Schwierigkeiten – oder davon, in welchem Bereich deines Lebens du Hilfe und Unterstützung brauchst. Du kannst es laut aussprechen, oder auch einfach nur gedanklich dein Herz ausschütten. Zum Schluss bitte sie ausdrücklich darum, dir zu helfen. Mache dies so, wie du einen lieben Freund um Hilfe bitten würdest: mit offenem Herzen und dem nötigen Respekt. Dann werde nochmals still, und konzentriere dich wieder darauf, dass deine Atmung tief und ruhig ist, und du mit deiner Aufmerksamkeit ganz bewusst im »Hier und Jetzt« bist.

Tue dies so lange, wie du magst, aber mindestens für einige Minuten. Dann bedanke dich nochmals bei den Naturgeistern für ihre Hilfe und Unterstützung.

Auch bei dieser Übung ist es so, dass sie dir immer leichter fallen wird, je öfter du sie durchführst.

Die (un-)sichtbaren Helfer …

Affirmationen:

Ich bin verbunden mit dem Reich der Naturwesen.
Ich lebe in perfekter Harmonie mit allem, was ist.
Ich bin offen für die Unterstützung der Naturwesen
und nehme ihre Hilfe jetzt an.
Ich bin ein Teil dieser wunderbaren Natur
und mit allem verbunden, was lebt.

Höre auf die Stimme deines Herzens

Mit »Herz« ist in diesem Zusammenhang nicht das physische Herz gemeint, sondern vielmehr der Ort in deinem Körper, an dem du zum Beispiel Liebe, Mitgefühl und Freude empfindest. Da die Seele direkt mit jenem Teil des Herzens verbunden ist, könnte man fast sagen, dass sie sich beinahe am selben Ort wie dein physisches Herz befindet, jedoch viel stärker und intensiver wahrgenommen werden kann – je nachdem, wie bewusst du dich mit ihr verbindest. Dein Herz ist der Ort, der dich mit deinem Höherem Selbst verbindet, mit deiner eigenen Göttlichkeit, mit deiner Seele. Es ist die Stelle, durch die du in ständiger Verbindung mit Gott bist. Man nennt sie auch den göttlichen Funken. Jedes Lebewesen trägt diesen Funken in sich, sonst könnte es auf dieser Erde nicht existieren. Du selbst kannst dazu beitragen, dass sich der göttliche Funke noch weiter ausdehnt, indem du die Übung »Aktiviere und stärke deinen göttlichen Funken« auf S. 89 machst. Im Idealfall umgibt er dann deinen gesamten Körper. Wenn dies der Fall ist, leben wir all unsere Begabungen und Talente aus und sind in Harmonie mit unserem göttlichen Lebensplan. Dort, im tiefsten Inneren deiner Seele, bist du immer du selbst. Dort trägst du keine Maske und versuchst auch nicht, etwas zu sein, was du nicht bist. Dort ist auch dein ganzes Potenzial gespeichert. An diesem Ort bist du wunderbar und einzigartig. Dort bist du alles und hast alles, bist perfekt, ganz und heil, mit allem in Einklang.

Im Grunde ist ja alles, was lebt, miteinander verbunden. In Wirklichkeit sind wir alle eins, alle Lebewesen sind voneinander abhängig und beeinflussen sich gegenseitig. Wenn du zum Beispiel einem anderen Menschen etwas antust oder schlecht über ihn sprichst, hat das auch immer eine Auswirkung auf dich. Warum das so ist? Ganz einfach: Weil wir alle durch eine Art unsichtbares Netz miteinander verbunden sind. Deine eigene Verbindung zu diesem Netz kannst du gut über dein Herz bzw. den göttlichen Funken wahrnehmen. Gibst du negative Energie dort hinein, wirst du diese selbst wieder zu spüren bekommen, und sie wird dich auf die eine oder andere Weise negativ beeinflussen. Genauso verhält es sich aber auch, wenn du einem anderen Lebewesen oder dir selbst etwas Gutes tust. Wenn du gut und liebevoll zu dir bist, strahlst du nicht nur positive Energien aus, sondern gibst diese auch in das uns alle verbindende Feld. Du tust dir selbst etwas Gutes, indem du regelmäßig Zeiten al-

leine im Wald verbringst, meditierst oder Yoga praktizierst, ganz bewusst hinschaust, wo deine eigenen Grenzen sind – und diese auch klar zeigst oder gar verteidigst –, und dich, wann immer irgendwie möglich, ausschließlich mit Menschen umgibst, die dir guttun. Indem du also darauf achtest, für dich zu sorgen, hilfst du damit auch den anderen Menschen – und somit der ganzen Welt. Wenn du demnach auch einmal Nein sagst und Grenzen setzt, ist das nicht egoistisch, sondern gehört zu einer deiner Aufgaben hier auf Erden, nämlich der, zu einem glücklichen, selbstbestimmten und somit Liebe verbreitenden Menschen zu werden. Es ist ein sehr wichtiger Teil, der dazu beiträgt, dass die Erde zu einem friedlicheren und liebevolleren Ort wird. Wenn alle Menschen glücklich und zufrieden wären, würden sie sich auch friedfertiger und großzügiger im Umgang mit ihren Mitmenschen verhalten.

Wenn es dir selbst gut geht, bist du besser in der Lage, zu schauen, wo in deiner direkten Umgebung Hilfe und Unterstützung gebraucht wird. Manchmal kann es ein Lächeln sein, das du einer anderen Person schenkst, oder Zeit, jemandem aufmerksam zuzuhören. Oder vielleicht braucht eine andere Person ganz praktische Hilfe. Laufe mit offenen Ohren, Augen und offenem Herzen durch deine Welt. Dein Herz ist eine Quelle unerschöpflicher Ressourcen. Es hilft dir in jeder Lebenslage, du hast es immer bei dir, und es will dir helfen. Es ist nur für dich da. Es führt dich wieder auf deinen Lebensweg, wenn du von diesem abgekommen bist, und will ganz viel Liebe, Wärme und Licht in dein Leben bringen, immer und überall.

Wenn du stets verbunden bist mit jenem Ort in deinem Herzen, in dem der göttliche Funke in dir lebt, dann bist du nicht auf die Liebe, die Aufmerksamkeit und das Lob im Außen angewiesen. Nein, du hast deinen besten Freund immer bei dir – und du kannst ihn alles fragen. Es ist dein eigener göttlicher Anteil in dir, der alles und jeden bedingungslos liebt, nichts be- oder verurteilt, alles mit seiner bedingungslosen Liebe berührt und einhüllt. Alles darf so sein, wie es momentan ist, und wird genau so akzeptiert. Alles auf Erden, jedes einzelne Wesen, erhält das genau gleiche Maß an Aufmerksamkeit und Liebe. Dein Herz kann dir nicht nur auf alles einen Ratschlag oder eine Hilfestellung geben, sondern dich zudem auch mit der Liebe zu allem Lebendigen versorgen Es ist reine göttliche Liebe und allumfassendes Wissen.

Leider haben ganz viele Menschen die Verbindung zu jenem Ort in ihrem Inneren, an dem sie mit dem eigenen Göttlichen verbunden sind, verloren und glauben lieber anderen, anstatt auf sich selbst zu hören. Oft merken sie gar nicht, wie sie sich dadurch abhängig machen und ihre Freiheit abgeben, anstatt sich dem eigenen Herzen, dem ganz persönlichem Lehrer, Freund und Geliebten zuzuwenden.

Sicher wirst du dich nun fragen, wie es bei dir ist. Nun, das Herz »verkrampft« sich regelrecht, wenn du die Verbindung zu ihm verlierst. Wenn dies über einen längeren Zeitraum geschieht, kann sich das Herz auch im physischen Sinn zusammenziehen, und Krankheiten entstehen, weil der Körper so auf sich aufmerksam machen will. Irgendwann einmal merkst du also, dass es dir irgendwie nicht gut geht, obwohl im Außen scheinbar alles stimmt. Du bist unglücklich, unzufrieden oder lieb- und freudlos. So zeigt dir dein Herz, dass deine Verbindung zu ihm unterbrochen ist. Es ist so, als hättest du deinen Kompass verloren. Aber du kannst die Verbindung wiederherstellen, kannst dich wieder mit dem Ort verbinden, an dem alle deine Fähigkeiten, Wünsche und Talente verborgen sind. Es ist gar nicht so schwierig, wie du vielleicht glaubst. Du brauchst nur etwas Stille und Zeit, in der du in deine inneren Welten abtauchen kannst, und die reine, klare Absicht, dich wieder mit deinem Inneren zu verbinden.

Und der Wald ist dir dabei ein wunderbarer Helfer. Dank ihm findest du den Zugang leichter und schneller, weil du geerdet bist und zu dir selbst zurückgeführt wirst. In der ruhigen, energievollen Atmosphäre des Waldes und mit der Unterstützung seiner zahlreichen geistigen Helfer kannst du deinem Herzen viel leichter zuhören bzw. wieder mit ihm in Kontakt treten, als es dir vielleicht sonst gelingen mag.

Übung: Aktiviere und stärke deinen göttlichen Funken

Lege dich hin, und mache es dir so richtig gemütlich. Wenn du befürchtest, im Liegen einzuschlafen, setze dich aufrecht auf einen Stuhl – Hauptsache, es ist für dich bequem. Entspanne dich, und atme einige Male tief in deinen Bauch ein und wieder aus. Lasse dabei vollkommen los, und stelle dir vor, wie sich dein Körper immer mehr in weißes Licht einhüllt. Du kannst dir auch eine Wolke vorstellen, die aus einem wunderbar weißen Licht besteht und dich liebevoll umfängt. Dieses Licht durchdringt dich und jede Zelle deines Körpers. Es ist ein ganz herrliches Gefühl. Gib dich ganz und gar diesem Gefühl hin.

Danach konzentriere dich auf deinen göttlichen Funken, den Sitz des göttlichen Wesens. Wenn du ihn spürst, dann bist du mit dem Göttlichen in dir verbunden. Stelle dir vor, wie du diesen Funken neu entzündest und ihn somit verstärkst. Lasse ihn immer größer werden, bis das göttliche, goldene Licht dich und deinen ganzen Körper großzügig einhüllt. Beide Lichtkörper liegen nun übereinander und hüllen dich ein.

Höre auf die Stimme deines Herzens

Bleibe weiterhin entspannt, und atme tief ein und aus. Zum Schluss hüllst du dich und deinen weiß-goldenen Lichtkörper noch in ein wunderbar rosafarbenes Licht ein. (Du kannst dir wieder eine rosafarbene Wolke vorstellen, die dich und deinen ganzen Körper umgibt.) Es ist wie eine Hülle, die das weiße und das goldene Licht umschließt.

Genieße dieses Gefühl, und mache dir bewusst, dass du immer von diesem wunderbaren Licht umgeben bist. Es braucht nur einen Gedanken von dir, um die Verbindung zu ihm wieder zu erneuern und zu verstärken.

Bleibe so lange in diesem Zustand, wie es dir angenehm ist.

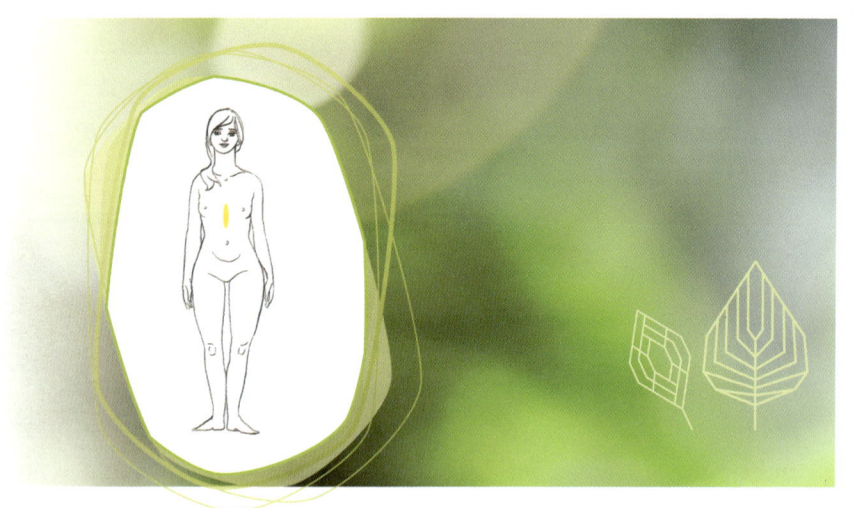

Übung: Noch mehr zu sich selbst kommen

Die Stimme deines Herzen ist so leise, sanft und liebevoll, dass wir wirklich ganz still werden und zu uns kommen müssen, um sie hören zu können. Sie ist niemals befehlend oder herrisch, gibt dir keine Instruktionen, sondern liebevolle Empfehlungen oder Ratschläge. Folgende Übung geht noch mehr »ins Detail« und hilft dir, ganz tief in die Ruhe zu kommen, um ihrer überhaupt gewahr werden zu können.

Gehe in den Wald, und suche dir einen Ort, an dem du dich wohlfühlst und du gut zur Ruhe kommen kannst. Lasse dir dabei Zeit, du kannst es ganz gemächlich angehen lassen, denn dies hilft dir bereits, aus dem Trubel des Alltags herauszukommen, hin zu deiner Mitte. Wenn du ganz still werden und tief aufatmen kannst, ist das ein sicheres Zeichen dafür, dass du den richtigen Platz gefunden hast. Es kann sein, dass du dich an diesem Ort so wohl- und sicher fühlst, dass du ihm für einige Zeit treu sein willst. Du kannst dir aber auch jedes Mal eine andere Stelle suchen, das spielt keine Rolle.

Komme also erst einmal richtig an, und nimm eine Körperhaltung ein, die dir angenehm ist. Du kannst dich auf einen Baumstumpf oder auf weiches Moos setzen. Vielleicht hast du auch eine Decke mitgebracht und legst dich an einem windgeschützten oder schattigen Platz gemütlich hin. Atme ein paar

Mal tief ein und aus, und richte deine Wahrnehmung zunächst bewusst auf deine direkte Umgebung.

Was nimmst du wahr? Befindest du dich unter Bäumen, die Schatten spenden, sodass es eher dunkel ist? Oder wird der Platz direkt von der Sonne beschienen? Schwirren Insekten um dich herum, oder hörst du Vogelgezwitscher? Kannst du Spuren von Tieren entdecken? Welche Bäume und Pflanzen befinden sich an diesem Ort? Ist der Boden mit Laub bedeckt oder mit Moos bewachsen? Welche Geräusche hörst du? Sind es nur Waldgeräusche, oder kommen noch andere dazu? Wie fühlt sich die Rinde der Bäume an – trocken oder leicht mit Moos überwachsen? Wie fühlen sich die anderen Pflanzen an? Was kannst du sonst noch hören, fühlen, entdecken oder wahrnehmen?

Wenn du mit diesem ersten Übungsteil vertraut bist und ihn regelmäßig durchgeführt hast, wirst du merken, dass du mit ihrer Hilfe deinen Alltag weit hinter dir lassen kannst. Du bist ganz und gar im »Hier und Jetzt« und konzentrierst dich voll auf deine Sinne. Dein Kopf ist angenehm leer und du fühlst dich entspannt. Jetzt kannst du noch einen Schritt weitergehen, und zwar in dein Inneres:

Wie fühlst du dich an diesem Ort? Bist du vollkommen entspannt, oder lenkt dich noch irgendetwas ab, sodass du nicht richtig abschalten kannst? Sind deine Nackenmuskeln entspannt? Wie fühlt sich dein Kiefer an? Ist die Muskulatur dort angespannt oder entspannt? Wie fühlen sich deine Schultern an? Ziehst du sie nach oben? Wie empfindest du deinen Herzschlag? Klopft dein Herz ruhig und gleichmäßig? Wie fühlt sich dein Bauch an? Kannst du ihn gut wahrnehmen? Wie ist es mit deinen Füßen? Kannst du sie gut spüren? Du kannst diese Übung nach deinem eigenen Gutdünken ausbauen und erweitern. Dabei geht es nicht darum, etwas, was wahrgenommen wird, zu beurteilen oder zu verändern. Es geht darum, bewusst wahrzunehmen, was momentan ist, achtsam zu sein und im Augenblick zu verweilen.

Hier noch eine weitere Übung, die dir hilft, dich wieder mit dir und deinem Herzen zu verbinden:

Übung: Das Herz mithilfe von Symbolen sprechen lassen

Für diese Übung solltest du dir etwas zum Schreiben mitnehmen. Gehe in die Natur, und komme an einem lauschigen Plätzchen zur Ruhe. Atme ein paar Mal tief und ruhig ein und aus, bis du innerlich ganz still wirst. Dann lege deine linke Hand auf dein Herz. Spüre an dieser Stelle in dich hinein, fühle deinen Herzschlag, und atme tief zu dieser Stelle hin, um dich

wieder ganz bewusst mit deinem Herzen zu verbinden. Wenn du magst, kannst du dir auch einige Male laut oder in Gedanken sagen: »Ich verbinde mich wieder mit meinem Herzen«, oder: »Ich gehe mit meiner Aufmerksamkeit bewusst in mein Herz, jetzt.« Lasse dir hierfür genug Zeit, es kann sehr gut sein, dass es eine ganze Weile dauert, bis du völlig abschalten und eine gute Verbindung spüren kannst.

Was nimmst du wahr? Was spürst du?

Das Herz spricht oft in Symbolen oder Bildern. Welches Bild oder welches Symbol taucht als Erstes auf?

Wenn du noch nicht so geübt bist in der Sprache der Symbole, wirst du dich zunächst fragen, wie du es interpretieren, also auf dich und deine Situation anwenden sollst.

Bei der Beantwortung dieser Frage ist es wichtig, dass du dich nicht an allgemeingültigen Erklärungen oder gar Nachschlagewerken orientierst, sondern stets hinterfragst, was das Symbol oder das Bild für dich ganz persönlich bedeutet. Schreibe alles auf, was dir zu dem, was du mit deinem inneren Auge gesehen hast, in den Sinn kommt. Dein Herz wird dir vielleicht noch eine liebevolle Empfehlung oder einen Ratschlag geben.

Es kann zum Beispiel sein, dass durch die bewusste Verbindung mit deinem Herzen plötzlich das Symbol Hängematte *auftaucht. Was verbindest du alles mit diesem Gegenstand? Die liebevolle Empfehlung deines Herzens könnte vielleicht sein, dass du dir mehr Zeit für Ruhe und Erholung oder direkt ein paar Wochen Ferien gönnen solltest.*

Oder du bekommst das Symbol Wasser. *Dann könnte es sein, dass du eine stärkere Verbindung mit diesem Element brauchst. Diesen Hinweis kannst du umsetzen, indem du mehr Zeit an einem Bach oder See verbringst, schwimmen gehst oder einfach nur duschst oder ein Bad nimmst, damit du dich bewusst energetisch reinigst.*

Wenn du also die jeweilige Botschaft erkannt hast, kannst du gleich vor Ort überlegen, ob und wie du sie in deinem Leben konkret umsetzt.

Versuche nicht, die Sprache des Herzens intellektuell, mit dem Kopf zu verstehen. Manchmal gibt das Herz dir Antworten, die für deinen Verstand im Moment keinen Sinn ergeben. Vertraue deinem Herzen, denn es weiß am besten, was gut für dich ist.

Jener heilige Teil in dir, der dich direkt mit dem Göttlichen verbindet, ist dein Kompass, deine Landkarte, dein persönlicher Führer, der dich durch den Urwald des Lebens führt. Zu einem undurch-

Höre auf die Stimme deines Herzens

dringlichen Dschungel wird dein Leben, wenn du nicht mehr mit deinem Herzen verbunden bist. Die Leichtigkeit, die Klarheit und deine intuitive Sicherheit, was zu tun ist und worauf es letztlich ankommt, fallen weg. Dein Leben scheint in bleierner Schwere und Nebel zu versinken, es wird anstrengend und sehr verwirrend. Überall lauern Gefahren, hinter jedem Busch scheint ein wildes Tier zum Angriff bereit, und du fühlst dich nicht mehr sicher, bist permanent auf der Hut.

Ein starkes Instrument, das dir hilft, dich wieder mit deinem Herzen zu verbinden, ist auch hier wieder deine klare Absicht. Wenn du ganz genau weißt, was du willst, es dir vor deinem inneren Auge vorstellen kannst und dich auch nicht von Hindernissen davon abbringen lässt, dann ist das so, als wenn du einen Bogen spannst und genau zielst, um einen Pfeil in die richtige Richtung zu lenken und dein Ziel exakt zu treffen. Als Schütze weißt du, wo der Pfeil landen soll, und konzentrierst dich darauf, genau zu zielen. So ist es auch, wenn du eine klare Absicht hast. Wenn du dich auf deine Vision fokussierst und durch nichts davon abbringen lässt, wird das Ergebnis deines Vorhabens immer erreichbarer.

Übung: Die Absicht fokussieren

Konzentriere dich jeden Abend, kurz vor dem Einschlafen, auf die Absicht, dich wieder mit deinem Herzen zu verbinden. Genau das Gleiche machst du jeweils am Morgen, direkt nach dem Aufwachen, am besten, wenn du noch im Bett liegst. Wenn du dies regelmäßig praktizierst, wird diese kristallklare Intention dich wieder in direkten Kontakt mit deinem Herzen bringen, ins Zentrum deines Selbst.

Affirmationen:

Ich verbinde mich mit meinem Herzen.
Ich gehe mit meiner Aufmerksamkeit
wieder in mein Herz.
Ich höre auf mein Herz.
Ich bin immer verbunden mit meinem Herzen.
Mein Herz weiß, was für mich das Beste ist.

Höre auf die Stimme deines Herzens

Deine Gedanken

Wenn die Gedanken ständig um irgendetwas kreisen, kann einen das schnell konfus machen. Sie scheinen sich selbstständig zu machen, springen vom einen zum anderen. Drehen sich die Gedanken um Probleme, ist man geneigt, nur noch das Negative in der Welt zu sehen. Durch negatives Denken wiederum entsteht schlechte Energie, die dir und deiner Gesundheit sehr schaden kann. Wenn du dann auch noch bei jeder sich bietenden Gelegenheit ausführlich darüber sprichst, entsteht noch mehr negative Energie, weil du ihr in deinem Leben viel zu viel Raum und Platz gibst. Also achte immer darauf, über was du sprichst, wie du sprichst und welche Gedanken dir gerade durch den Kopf gehen.

Unsere Gedanken sind wie ein Kleinkind: dauernd abgelenkt, mal auf das eine und schon bald wieder auf ein anderes »Spielzeug« konzentriert. Immer irgendwo, aber selten länger an einem Ort. Das ist schwierig und schafft unnötig neue Probleme, da wir ja mit unseren Gedanken unsere eigene Realität »erschaffen« oder zumindest stark beeinflussen. Daher wäre es wirklich für jeden von uns enorm wichtig, zu lernen, sein Denken zu kontrollieren.

Wenn du deinen Gedanken die Zügel überlässt, ist es, als würdest du einem Kleinkind das Kommando übergeben: Über kurz oder lang entsteht ein regelrechtes Chaos in deinem Leben. Wenn du aber Herr deiner Gedanken bist und die Zügel fest in deinen Händen hältst, so werden deine Gedanken weder mit dir »durchbrennen« noch wirst du in bestimmten negativen Gedankenmustern steckenbleiben. So bleibst du offen, verhinderst somit auch ausgeprägte Hochs und Tiefs, die dir nur unnötig Energie rauben, und schwimmst weiter im Fluss des Lebens mit.

Bei diesem – in der Tat nicht einfachen – Unterfangen, zu lernen, deine Gedanken zu kontrollieren, kann dir der Wald wiederum einen sehr guten Dienst erweisen und eine große Hilfe sein.

Übung: Gedanken kontrollieren

Wenn deine Gedanken wieder einmal ständig um ein bestimmtes Thema kreisen und dir keine Pause gönnen, suche dir einen Stein im Wald, und bitte ihn darum, dir zu helfen. Als Nächs-

tes stelle dir vor, wie alle Gedanken, die dich nicht zur Ruhe kommen lassen, in den Stein hineinfließen. Übergib alles, was dich gerade belastet, jede Sorge, alles, was dich quält, diesem Stein. Lasse dir viel Zeit dabei, mache dir immer wieder klar, dass du wirklich alles loslassen darfst. Wenn du damit fertig bist, trage den Stein behutsam an einen Bach oder See, und übergib ihn mit all dem, was dich bedrückt, dem Wasser. Zelebriere den Akt ganz bewusst. Wenn das nicht möglich ist, weil sich in der Nähe kein Gewässer befindet, lege den Stein unter einen großen Baum, am besten auf die Wurzeln, und bitte nun auch ihn, dir noch zusätzlich zu helfen.

Übung: Hilfe, wenn du traurig, deprimiert oder mutlos bist

Suche dir einen großen, alten Baum, zu dem es dich hinzieht, und nimm Kontakt mit ihm auf. Berühre seine Rinde. Betrachte ihn ganz genau, seine Größe und Stärke, seine ausladenden Äste und seine starken und kräftigen Wurzeln. Dann umarme den Baum. Lasse dir dabei so viel Zeit, wie du brauchst, um dich ganz mit ihm zu verbinden. Du kannst ihm auch all deinen Kummer und die Ursachen für deine Traurigkeit erzählen. Aber das ist nicht zwingend nötig – allein schon der Körperkontakt kann dir helfen. Mache dir bewusst, dass du ein reines Lebewesen umarmst, das dir mit seiner Energie auf wunderba-

re Arte und Weise helfen kann. Lasse diese Hilfe zu, und entspanne dich. Vergiss nicht, dich am Ende bei dem Baum für seine Unterstützung zu bedanken.

Übung: Hilfe, wenn du immer wieder von negativem Denken blockiert wirst

Mache einen ausgiebigen Spaziergang durch den Wald. Während dieser Zeit versuche ganz bewusst, jegliches negative Denken zu unterlassen. Konzentriere dich vielmehr darauf, dir während des Spaziergangs positive Erlebnisse ins Gedächtnis zu rufen: ein ähnlich schöner Spaziergang in deiner Kindheit, ein unvergessliches Ferienerlebnis, eine aufregende Nachtwanderung, fröhliche Zeiten am Meer oder in den Bergen … Dann gehe noch einen Schritt weiter, und lasse dein bisheriges Leben vor deinem geistigen Auge ablaufen: Welche Momente waren es, in denen du besonders glücklich warst? Als du ein lang angestrebtes Ziel erreichtest? Als du einmal besonders viel Liebe empfandest oder spürtest, dass dir selbst viel Zuneigung entgegengebracht wurde? Eine Situation, in der du dich besonders wohl- und aufgehoben gefühlt hast, weil du so »ganz bei der Sache« warst und alles um dich herum vergessen hast? Wer spielte in solchen Momenten eine Rolle? Menschen, Tiere, eine Idee/Sache? Hast du vielleicht die Anwesenheit Gottes, deines Schutzengels oder eines anderen höheren Wesens gespürt?

Deine Gedanken

Versuche, diese Übung in deinen Alltag zu integrieren, indem du (wie in der Übung »Dankbar sein« auf S. 37) bis zu deinem nächsten Waldspaziergang gezielt auf die positiven Dinge in deinem Leben achtest – auch wenn sie noch so klein oder unbedeutend zu sein scheinen. Bemerke sie – und würdige sie entsprechend!

Wenn du vor oder nach einem Spaziergang das Bedürfnis hast, dich zu reinigen, nimm ein Bad mit Meersalz (es entzieht deinem Körper viel Negatives), oder gehe duschen, und stelle dir dabei vor, wie das Wasser alles Negative wegschwemmt und dich davon befreit. Falls es gerade Sommer ist und sich in der Nähe ein See befindet, kannst du auch dort ein Bad nehmen. Trinke viel stilles Wasser, und iss möglichst unverarbeitete und natürliche Lebensmittel wie gekochtes Gemüse, Früchte, Nüsse … Diese Lebensmittel enthalten noch reine Energie. Eine Scheibe Toastbrot enthält zum Beispiel – im Vergleich zu Haferflocken – kaum mehr gute und lebendige Energie.

Affirmationen:

Ich achte bewusst auf meine Gedanken.
Ich bin ganz bei mir, in meiner Mitte,
und möchte mich immer gut fühlen.*
Ich lasse nur Gedanken der Freude
und des Friedens zu.
Meine Gedanken sind friedlich
und harmonisch.
Ich weiß, dass ich Schöpfer
meines Lebens bin.*

* Affirmation von Willy Hauser

Deine Gedanken

Heilung mithilfe des Waldes

Für die Seele eines Menschen ist es sehr wichtig und kann es eine wahre Wohltat sein, Zeiten alleine im Wald zu verbringen, nur noch Stille und Natur um sich herum zu haben. Auch deine Seele braucht Zeiten, in denen sie völlig frei sein kann und so wenig wie möglich äußeren Eindrücken, Stress, Lärm und Hektik ausgesetzt ist. In diesen Zeiten kann die Seele »frei atmen« und sich entfalten, ganz in ihrem natürlichen Zustand sein. Solche Auszeiten braucht die Seele nicht bloß gelegentlich, ein oder zweimal pro Jahr im Urlaub, sondern regelmäßig. Wenn du ihr das vorenthältst, untersagst du ihr die Befriedigung eines grundlegenden Bedürfnisses. Wenn Stille herrscht, und die Energien der Natur wirken dürfen, verbindest du dich wieder mit allen Aspekten deines Körpers. Hierbei werden Glücks- und Entspannungshormone freigesetzt. Das fühlt sich dann so an, als wärst du wieder »richtig« in deinem Körper. Du nimmst dich, deine Gefühle, Empfindungen, ja, deinen ganzen Körper wieder sehr bewusst wahr. Und je mehr du wieder in deinem Körper bist, desto mehr bist du auch fähig, die Energien des Waldes ganz bewusst und in vollem Umfang zu spüren und vollkommen in dir aufzunehmen. Dann hast du das Gefühl, als ob du sämtliche Poren geöffnet hast (wie es in der Übung »Sich für das Licht der Sonne öffnen« auf S. 58 bereits erklärt wurde). Wenn diese Öffnungen bzw. Poren geschlossen sind, bist du gar nicht in der Lage, die wunderbaren Energien vollständig aufzunehmen.

Aber wie spürt man das? Nun, es kann sich zum Beispiel im Wald so bemerkbar machen, dass du eben gar nicht viel empfindest oder wahrnimmst. Es ist, als ob du innerlich deine Erlaubnis nicht gegeben hättest, dass diese wunderbaren Energien an und in dir wirken dürfen. Es ist, als ob es da eine Verbindung gäbe, die zuerst noch geöffnet werden muss. Es kann sich auch so äußern, dass du dich gar nicht verbunden fühlst mit dem Wald und ganz allgemein mit anderen Lebewesen wie Menschen, Pflanzen und auch Tieren.

Wenn du dir also nicht sicher bist, ob deine Poren geöffnet sind, frage dich einmal selbst: Wie verbunden fühle ich mich mit anderen

Lebewesen? Nehme ich zum Beispiel die Bedürfnisse von anderen Menschen wahr? Was empfinde ich, wenn ich mich im Wald bzw. in der Natur aufhalte? Wenn du Fragen solcher Art eher negativ beantwortest, wäre es wichtig, noch einmal die besagte Übung im Kapitel »Die Bedeutung des Sonnenlichtes« ab S. 56 zu machen. Mit Übungen dieser Art öffnest du dich nicht nur für das Sonnenlicht, sondern ganz allgemein für die Energien der Natur.

Es kann gut sein, dass sich jenes Gefühl, wieder »richtig« in seinem Körper zu sein, anfangs nicht besonders angenehm oder schön an-fühlt. Vielleicht spürst du erst zu diesem Zeitpunkt, dass irgendwo in deinem Körper ein Ungleichgewicht herrscht. Oder es kommen plötzlich Empfindungen und Erinnerungen an die Oberfläche, die du im Trubel des Alltags nicht bemerkt oder (bewusst oder unbe-wusst) verdrängt hast. Es kann sich auch in Form von wiederkeh-renden Depressionen, Angstzuständen bis hin zu Panikattacken, einem tauben Gefühl an verschiedenen Körperstellen oder heftigen Gefühlsausbrüchen äußern.

Habe keine Angst, wenn etwas hochkommt. Vielmehr ist es hier wichtig, zu erkennen, um welches (vielleicht vor langer Zeit ver-drängte) Gefühl es sich handelt – und es dann loszulassen. Falls du dich jedoch an etwas erinnerst, was dich auch jetzt noch sehr mit-nimmt oder gar überfordert (vielleicht an ein schlimmes Ereignis aus deiner Kindheit oder Jugend), dann solltest du auf jeden Fall Hilfe bei einem Arzt oder Therapeuten suchen.

Heilmeditation – oder:
Wie man einen verletzten Teil seines Herzens heilen kann

Suche dir einen Ort, an dem du dich vollkommen sicher fühlst. Das kann bei dir zu Hause sein, im Wald oder an einem anderen schönen Platz in der Natur. Sprich zuerst ein kurzes Gebet, wenn du magst. Dann konzentriere dich ganz auf deine Atmung. Atmest du bis tief in den Bauch hinein, oder ist deine Atmung flach? Ist es nur deine Brust, die sich hebt und senkt? Versuche bitte, möglichst tief und ruhig in den Bauch zu atmen. Beobachte, wie sich deine Bauchdecke beim Einatmen hebt und beim Ausatmen wieder senkt. Atme so einige Atemzüge lang, bis du zur Ruhe gekommen und ganz bewusst bei dir im »Hier und im Jetzt« angekommen bist.

Dann spüre in dich hinein. Was nimmst du wahr? Was für ein Gefühl ist es, das da hochkommt? Wie wirkt es sich auf dich aus? Vielleicht kannst du die Empfindung mit einer Geste, einem Symbol oder einem Bild beschreiben. Spüre dieses Gefühl nochmals in aller Deutlichkeit, jetzt, wo du dich sicher fühlst und es auch bist. Wo in deinem Körper kannst du es wahrnehmen? Spürst du es überall oder nur an bestimmten Stellen? Es kann sein, dass ein Erlebnis und die damit verbundenen Emotionen damals zu schmerzhaft für dich waren und du gar nicht anders konntest, als es zu verdrängen, da es dich schlicht

überfordert hätte. Oder du warst noch ein Kind und hast diese Empfindungen zum damaligen Zeitpunkt gar nicht verstehen oder zuordnen können. Nun ist es so, dass du ohne diesen verletzten und abgespaltenen Teil nicht vollständig bist.

Das Wichtigste dabei ist, zu erkennen und sich einzugestehen, dass diese Gefühle, welche es auch immer sein mögen (zum Beispiel Trauer oder das Gefühl, nicht gut genug zu sein), da sind und sie zu akzeptieren bzw. zu fühlen. Im zweiten Schritt kannst du sie dann heilen. Wenn du aber Anteile von dir abgespalten hast, kannst du dich nicht vollkommen harmonisch, im Frieden und im Gleichgewicht fühlen. Also ist »hier und jetzt«, wo du dich vollkommen sicher und geborgen fühlst, der richtige Moment, diesen verletzten Teil wieder zu dir zurückzuholen.

Wenn du dieses Gefühl, das zum damaligen Zeitpunkt nicht verarbeitet werden konnte, ganz klar und in aller Deutlichkeit wahrnimmst, schicke dem vor langer Zeit abgespaltenen Teil in deinem Inneren viel Liebe. Du kannst ihn dir auch als ein kleines Kind vorstellen, das du nun ganz fest in die Arme schließt und dem du all die Liebe und Zuneigung gibst, die es so lange vermissen musste. Wenn du unter einer Amnesie leidest, dich also an das traumatisierende Ereignis nicht mehr erinnern kannst, lege dein Augenmerk auf die Symptome. Schicke ihnen Liebe und Anerkennung, und bitte zusätzlich das Göttliche, dir bei der Integration der verdrängten Anteile zu helfen und somit auch die Symptome zu lindern.

Sobald du jenem abgespaltenen Teil Beachtung schenkst und anerkennst, dass er da ist, bist du wieder vollständig. Also akzeptiere und erkenne an, dass es ein Teil ist, der wirklich zu dir gehört. Hole ihn wieder zurück in dein Herz, wo er hingehört und dich wieder ganz und vollständig macht. Wiederhole diese Übung, sooft es notwendig ist.

Der Wald kann dir dabei helfen, wenn es darum geht, dein Herz vollständig und umfassend (das heißt im ganzheitlichen Sinne) heil werden zu lassen. Und genau da möchte ich mit den Übungen, die ich in diesem Buch vorstelle, ansetzen: dass man mithilfe der Natur und der Geistigen Welt Dinge wieder ins Gleichgewicht bringen kann, die keine Schulmedizin vollständig zu heilen vermag. Ich möchte dir zeigen, dass du, wenn du das Gefühl hast, gewisse Dinge nicht meistern zu können oder sogar daran zu zerbrechen glaubst, die Hilfe der Natur, der Geistigen Welt in Anspruch nehmen darfst. Die gängigen medizinischen Behandlungsmethoden sind in aller Munde und bekannt, aber die »andere Hilfe«, die uns im wahrsten Sinne des Wortes »natürlich« zur Verfügung steht, wird leider zu oft vergessen.

Du kannst während eines Waldspaziergangs auch die bereits erwähnten Naturwesen um Hilfe oder Unterstützung bitten, dass auch sie diesem verdrängten Teil in dir viel Liebe und Licht schenken und dazu beitragen, ihn wieder zurück in dein Herz zu bringen. Atme dabei tief und ruhig, und stelle dir ganz bewusst vor, wie die Naturwesen ihre lichtvolle Energie in dich einströmen lassen, wie diese Energie dann weiter in dein Herz und von dort aus zu diesem nicht-lichtvollen Teil weitergeleitet wird, sodass auch dieser durch deine Liebe und das Licht der Natur immer heller und leichter werden darf.

Gewisse Blockaden lösen sich erstaunlich schnell auf, andere brauchen mehr Zeit, Licht und Liebe. Sei geduldig, aber vermeide bitte, allzu sehr in die Tiefe zu gehen oder gar zu bohren. Das ist gar nicht nötig und kostet nur sehr viel Energie. Schaue genau hin, was von sich aus zutage tritt und noch einmal in aller Deutlichkeit und mit großer Intensität in deinem Herzen angeschaut werden möchte – und so mithilfe der Natur heilen kann.

Eine andere Möglichkeit, Heilung zu erfahren, ist, das Göttliche oder die Geistige Welt darum zu bitten. Wir müssen nicht alles alleine machen. Uns wird in der heutigen Zeit mehr denn je geholfen. Hierzu ist folgende Übung gedacht:

Übung: Das Göttliche um Heilung bitten

Suche dir einen Ort, an dem du nicht gestört wirst und dich vollkommen sicher und geborgen fühlst. Mache dir bewusst, wofür genau du um Heilung bitten möchtest. Deine kristallklare Absicht ist auch hier wieder ein starkes Instrument. Dann sprich folgendes Gebet:

Lieber Gott

(oder liebe Geistige Welt – oder was auch immer sich für dich stimmig anfühlt), ich möchte dich um deine Hilfe bitten. Ich spüre, dass etwas in mir heilen und wieder ganz werden möchte. Hilf mir, und unterstütze mich bitte dabei. Halte deine heilenden Hände über mich, und schicke mir deine Heilenergie. So kann ich zulassen, dass jetzt alles heil werden darf, auf die Art und Weise, wie es für mich am besten ist. Mit deiner Liebe fühle ich mich überall und jederzeit sicher und geborgen und kann wieder heil und ganz werden. Ich danke dir für deine Hilfe und Liebe.
Amen

Dann lege in Gedanken diesen Teil oder dieses Ereignis, dieses Gefühl oder das verletzte Kind in dir, das geheilt werden möchte, in deine Hände. Diese sind nach oben geöffnet und formen – auf deinen Oberschenkeln ruhend – eine Schale (und

ja: Man kann ein Gefühl in die Hände legen – probiere es einfach aus!). Dann bitte die Geistige Welt darum, das, was du da in Händen hältst, für dich zu heilen. Du übernimmst den Teil der Heilung, der für dich zurzeit möglich ist, und tust das, was du kannst – und für den Rest bittest du die Geistige Welt um Hilfe. Lasse diese Hilfe zu, du hast sie verdient. Wenn du deinen Teil der Heilung übernimmst, ist die Geistige Welt gerne bereit, den restlichen Teil zu übernehmen. Du kannst hierfür die verschiedenen Übungen machen, die in diesem Buch beschrieben sind (Affirmationen, das Belastende aufschreiben, dem verletzten Teil besonders viel Liebe und Aufmerksamkeit geben, einfach alles, was dir einfällt und sich stimmig anfühlt). Du kannst auch in der Meditation darum bitten, dass dir klar wird, was du selbst zu deiner Heilung beitragen kannst.

Stelle dir nun vor, wie goldenes Licht in deine Hände fließt, direkt in deinen verletzten Teil oder das Ereignis. Mache dies so lange, wie es dir richtig erscheint. Dann bedanke dich von ganzem Herzen für das Geschenk, das du erhalten hast, und komme langsam und in deinem eigenen Tempo wieder zurück in dein Alltagsbewusstsein.

Bei dieser Übung ist es wichtig, dass du sie eine Zeit lang täglich durchführst – und auch das Gebet täglich sprichst. Wenn Emotionen und Erlebnisse so intensiv waren, dass du sie verdrängen musstest, braucht es Zeit und Geduld, um sie vollständig zu verarbeiten und damit zu heilen. Aber wenn du über einen längeren Zeitraum hinweg bei der Sache bleibst, wirst du schon bald eine Veränderung spüren.

Es kann zu Beginn auch eine große Hilfe sein, wenn du dir Zeit nimmst, alles, was mit dem damals Erlebten zu tun hat, aufzuschreiben. Du nimmst ein Blatt Papier zur Hand und notierst alles, was dir zu diesem Ereignis oder Thema in den Sinn kommt und dich noch immer quält oder belastet. Wirklich alle Gefühlsregungen, die du während des Ereignisses oder in dieser Zeit hattest und die dich auch danach noch belasten. Das können auch gesprochene Sätze sein, die dir in Erinnerung geblieben sind. Oder du schreibst, wenn die Ereignisse im Zusammenhang mit einer Person standen, dieser einen Brief. Darin hältst du alles fest, was bisher ungesagt geblieben ist oder dich noch immer beschäftigt. Einfach alles, was für dich wichtig ist. Mit diesem Brief gehst du dann in den Wald, dorthin, wo du ein Feuer machen darfst, und verbrennst ihn. Du kannst auch hier wieder Gott oder deine Engel um Hilfe bitten. Das Feuer kann dir dabei helfen, Emotionen und Gefühle umzuwandeln, und somit zur Heilung beitragen.

Affirmationen:

Ich liebe und schätze mich.
Ich mag mich und nehme
mich so an, wie ich bin.
Ich bin liebenswert.
Ich bin gut zu mir.
Ich erlaube mir, dass ich
mich selbst heilen kann
mithilfe der Natur.*

Affirmation von Willy Hauser

Sich die Energie der Elemente zunutze machen

Wir alle sind ein Teil dieser wunderbaren Natur, Kinder von Mutter Erde – und daher auch auf unsichtbare Weise miteinander verbunden. Ein jeder ist Teil vom großen Ganzen. Wenn du der Natur oder einem anderen Menschen etwas antust, fügst du dir im Grunde selbst Schaden zu. Wir haben zwar das Gefühl, eigenständige Lebewesen zu sein und uns rücksichtslos – oder wenig liebevoll – verhalten zu können, ohne dass uns dies weiter beeinflusst. Aber das ist ein Trugschluss. Wenn wir uns der Natur oder anderen Lebewesen gegenüber respektlos verhalten, müssen wir uns nicht wundern, wenn irgendwann auch uns gegenüber ein entsprechendes Benehmen an den Tag gelegt wird. Das ist keine Vermutung oder Glaubenssache, sondern ein Prinzip, dem gemäß das Leben hier auf der Erde funktioniert. Wenn wir Liebe geben, wird sie auch uns geschenkt, sie kommt quasi wieder zu uns zurück. Es macht glücklich, selbst- und bedingungslos Liebe zu verschenken, und es macht noch glücklicher, wenn sie wieder – um ein Vielfaches verstärkt – zu uns zurück-kommt.

Wenn wir Menschen erkannt haben, dass alles, was lebt, letztlich auch ein Teil von uns ist, werden wir nicht umhinkönnen, unser Verhalten zu ändern – oder es zumindest zu überdenken. Der Wald kann uns dabei als ein gutes Vorbild dienen. Er beherbergt unzählig viele verschiedene Lebewesen, und jedes Individuum ist auf ein anderes angewiesen oder profitiert von ihm. Jedes Wesen, jeder Baum, jedes Tier, jede Pflanze ist einzigartig, anders und besonders. Und alles, was lebt, gehört zu diesem ausgeklügelten System, das ohne es nicht funktionieren würde. Im Wald herrscht eine Atmosphäre des Miteinanders und der bedingungslosen Liebe. Jeder Baum strahlt Licht und Frieden aus, jede Pflanze ist vom Glanz des Schöpfers erfüllt. Was wäre das für ein Leben, wenn wir Menschen uns die Natur zum Vorbild nehmen und versuchen würden, so miteinander zu leben, wie die Natur es uns vormacht?

Wir dürfen von diesem gewaltigen Reservoir an Licht und Liebe, das uns die Natur bereithält, profitieren. Wir können uns darin aufhalten, die Energien auf uns wirken und somit unsere Batterien aufladen lassen, sooft und solange wir wollen.

Wir sollten uns die Kräfte der einzelnen Natur-Elemente wirklich zunutze machen und schauen, wie sie uns helfen und in welchen Bereichen unseres Lebens sie uns unterstützen können.

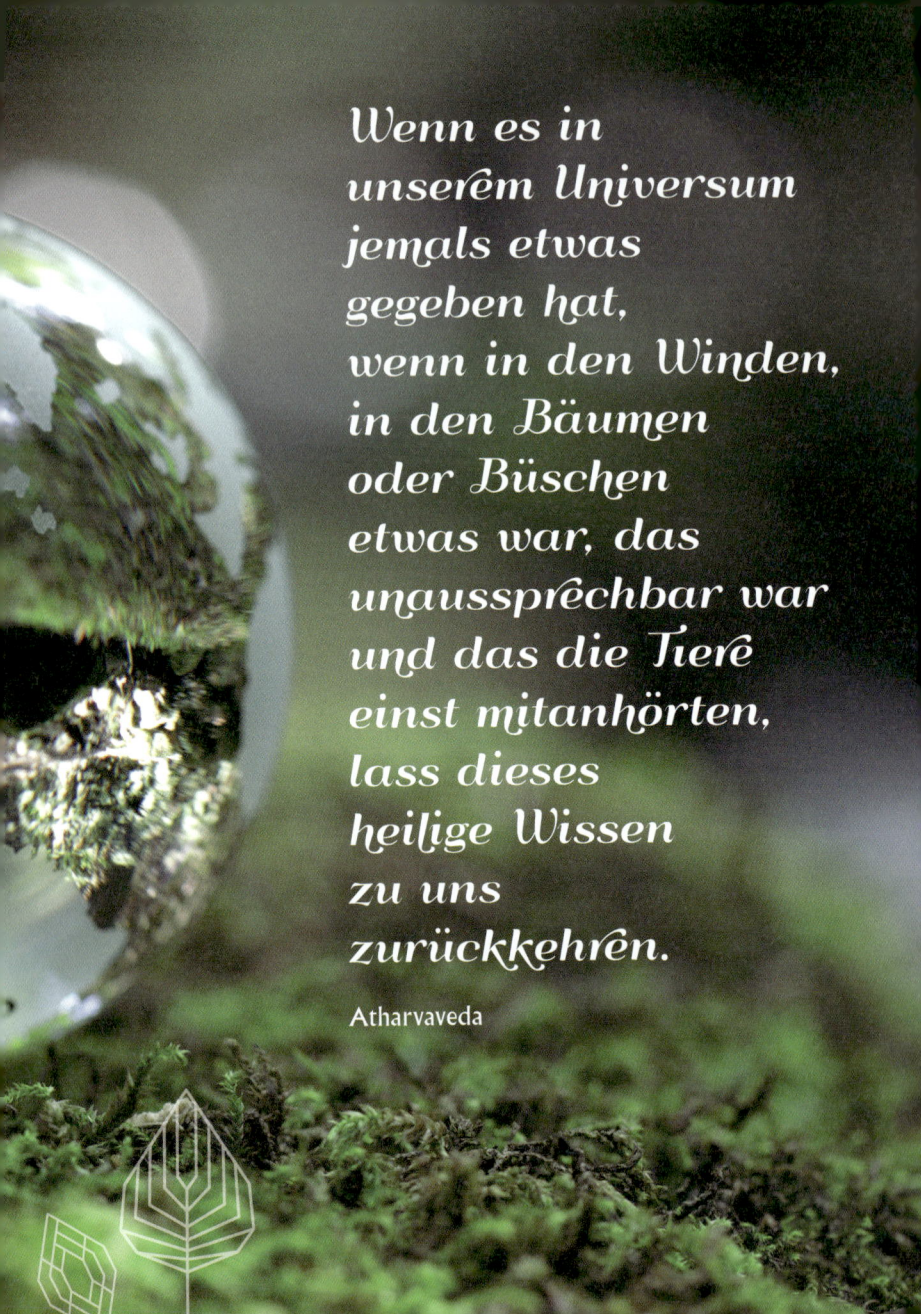

Wenn es in
unserem Universum
jemals etwas
gegeben hat,
wenn in den Winden,
in den Bäumen
oder Büschen
etwas war, das
unaussprechbar war
und das die Tiere
einst mitanhörten,
lass dieses
heilige Wissen
zu uns
zurückkehren.

Atharvaveda

Wind

bringt eine neue und frische Brise in unser Leben und hilft uns, das, was uns nicht mehr dienlich ist, loszulassen – der Wind trägt es einfach davon.

Wenn du dich also von Altem trennen willst, halte dich möglichst oft draußen, in freier Natur auf, wenn es windig oder sogar richtig stürmisch ist.

Regen

ist das reinigende und zugleich Leben spendende Element. Er spült das Alte fort und versorgt die Erde und alles, was auf ihr wächst, mit der notwendigen Feuchtigkeit und Energie, sodass alles wachsen und gedeihen kann.

Wenn du zusätzliche Energie brauchst, neue Ideen umsetzen willst, aber der nötige Kick noch fehlt, dies tatsächlich in Angriff zu nehmen, gehe möglichst oft nach draußen, wenn es regnet. Aber auch, wenn du immer wieder in alte Muster zurückfällst, die dir nicht guttun, oder neue Ideen und Visionen nicht richtig Wurzeln schlagen, kannst du dir dieses Element zunutze machen. Sei dir dieser großen Hilfe bewusst, und nutze sie dementsprechend.

Feuer

verbrennt alles, was dunkel und schwer in deinem Leben ist. Es wandelt alles um, niedere Schwingungen oder Zustände in höhere, ist wahre Alchemie, perfekte Transformation. Daher kann es dir

helfen, wenn du einen Schicksalsschlag oder gar ein Trauma zu verarbeiten hast.

Nimm dir Zeit, und sortiere zu Hause all das aus, was Dunkles oder Schweres aus deiner Vergangenheit enthält oder etwas repräsentiert, das keine gute Energie besitzt. Das können Gegenstände, Kleidungsstücke und vor allem Papierkram sein. Nimm die Unterlagen bzw. die gut brennbaren Gegenstände mit nach draußen an einen sicheren Ort, an dem man gefahrlos Feuer machen kann, und verbrenne alles während einer Zeremonie, deren Ablauf du ganz nach deinen Wünschen gestaltest. Das Feuer verwandelt das Alte, damit an dessen Stelle Neues in dein Leben treten kann. Du kannst natürlich auch eine Feuerzeremonie abhalten, ohne vorher »ausgemistet« zu haben, indem du das Feuer einfach bittest, alles zu verbrennen, was du nicht mehr haben möchtest, was dich quält, behindert oder dir das Herz schwer macht. Stelle dir vor, wie all dies im Feuer umgewandelt wird, und bitte das Element, dir bei deiner Transformation behilflich zu sein.

Sonne

spendet Licht und Leben. Sie ist pure Energie, ohne ihr Licht würde es kein Leben auf diesem Planeten geben. Sonnenlicht ist nicht nur Lebenselixier, es bringt Helligkeit, Fröhlichkeit und Leichtigkeit ins Leben. Die meisten Menschen haben automatisch eine bessere Stimmung, wenn die Sonne scheint. Im Winter dagegen, wenn die Tage dunkler und kürzer sind, hat manch einer unter depressiven

Verstimmungen zu leiden. Doch auch bei bedecktem Himmel und sogar Nebel steht uns UV-Licht zur Verfügung, bloß etwas abgeschwächt. Daher solltest du täglich wirklich jede Möglichkeit nutzen, um Licht zu tanken – am besten in der Natur, denn da ist es reiner, klarer und wirkungsvoller.

Licht spendet dir Energie und Durchhaltewillen. Wenn also ein Projekt oder eine Idee langsamer zu verwirklichen ist, als gedacht, und dich der Mut verlässt, gehe nach draußen, und tanke Sonne. Auch wenn dir die nötige Klarheit oder der Durchblick fehlt, kann es sehr hilfreich sein, sich im Sonnenlicht aufzuhalten.

Luft

ist – wie das Licht – überlebensnotwendig. Doch nicht nur das: Man hat unter anderem herausgefunden, dass oberflächliche Atmung negatives Denken fördert. Achtet man zu wenig darauf, tief und bewusst in den Bauch zu atmen, neigt man dazu, deprimiert zu sein oder schwarzzusehen, weil dann Prana, die Lebenskraft an sich, fehlt. Prana ist eine Energie, die in feinstofflichen Bahnen im gesamten menschlichen Körper fließt. Dieses Wissen nutzen die Yogis seit mehr als 2 000 Jahren, um mithilfe von Asana (Körperstellungen im Yoga) und speziellen Atemübungen mehr Prana aufzunehmen bzw. dies besser im Körper zu verteilen.

Atmen bedeutet, sich mit dem Strom des Lebens zu verbinden. Aus diesem Grund ist eine ruhige, tiefe Atmung Grundvoraussetzung für viele Übungen und Meditationen, und auch unser geistiges und

Sich die Energie der Elemente …

121

körperliches Wohlbefinden hängt stark von einer ausreichenden Atmung ab.

Wenn du nicht in deiner Mitte bist, die Verbindung zu deinem Herzen unterbrochen ist, begib dich an einen ruhigen Ort in der Natur, und atme still, ruhig und tief. Wenn es dir nicht möglich ist, dich länger in der Natur aufzuhalten, reicht es oft schon, kurz an die frische Luft zu gehen und dort ein paar tiefe Atemzüge zu machen. Eine tiefe Bauchatmung hat auch eine entgiftende Wirkung für den Körper.

Lehrt eure Kinder, was wir unseren
Kindern lehrten. Die Erde ist unsere
Mutter. Was die Erde befällt, befällt
auch die Söhne und Töchter der Erde.
Denn das wissen wir: die Erde gehört
nicht den Menschen – der Mensch zur Erde.
Alles ist miteinander verbunden,
wie das Blut, das eine Familie vereint.

(indianische Weisheit)

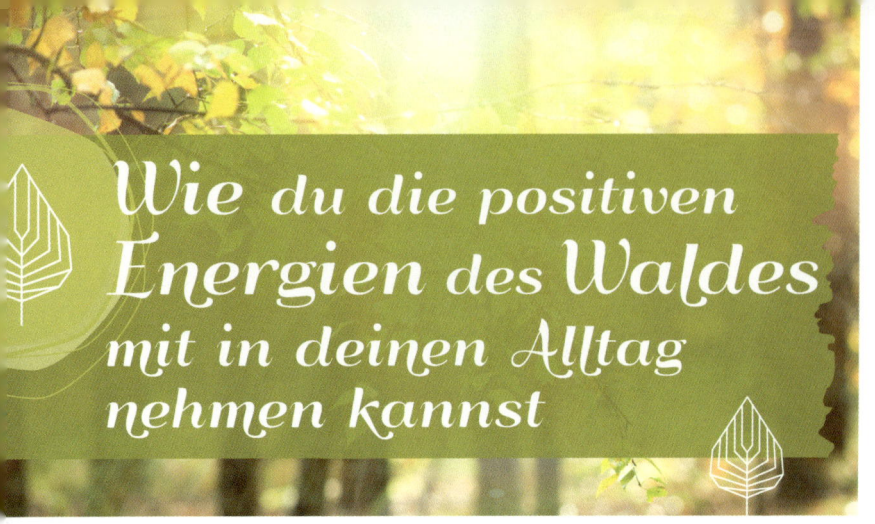

Wie du die positiven Energien des Waldes mit in deinen Alltag nehmen kannst

Vielleicht magst du dir ein schönes Buch für deine Notizen kaufen. Darin kannst du alles, was du im Wald erlebt hast oder was dir so durch den Kopf gegangen ist, aufschreiben, um es zu einem späteren Zeitpunkt wieder nachzulesen. Dies kann eine große Hilfe sein, speziell in Zeiten, in denen es dir nicht so gut geht und/oder dein Herz verschlossen ist. Ebenso kannst du Blätter oder Blumen, Steine, Federn oder andere Gegenstände, die der Wald dir »geschenkt« hat, sammeln und bei dir zu Hause an einem schönen Ort (Regal, Tisch, Hausaltar) aufstellen. Sie erinnern dich dann jeden Tag an ein besonderes Erlebnis und bringen ein Stück Natur zu dir nach Hause. So kannst du die Verbindung zum Wald wieder aufbauen und verstärken.

Im Trubel des Alltags kann die Verbindung zum Wald schnell wieder abreißen, können die positiven Erfahrungen in Vergessenheit geraten. Dabei ist es wichtig, sich in einem ruhigen Moment Gedanken zu machen, wie man dieses Band zum Wald und zur Natur auch zu Hause stärken kann. Eine zusätzliche Hilfe können auch Bilder sein. Hänge Wald-/Naturbilder dort auf, wo du dich oft aufhältst oder nach einem anstrengenden Tag zur Ruhe kommen möchtest. Die stärkste Wirkung haben natürlich die Bilder, die du selbst gemacht hast, weil du beim Anschauen an das Gefühl erinnert wirst, das du im Moment der Aufnahme hattest.

Es ist sehr hilfreich, wenn du bei dir daheim einen besonderen Platz einrichtest, an dem du dich mit dem Göttlichen oder dem Wesen der Natur verbindest, meditierst, Yoga machst, betest oder in stiller Einkehr verweilst. Dieser Rückzugsort wird dir helfen, in deine inneren Welten abzutauchen. Gestalte ihn so, dass er dir – ähnlich wie der Wald – dabei hilft, den Alltag zu vergessen. Verlasse dich dabei ganz auf dein Herz, darauf, was es dir rät und für dich stimmig und wichtig ist. Halte dich nicht an festgelegte Normen und Regeln, denn nur du allein weißt, was für dich das Beste ist.

Eine weitere Unterstützung dabei, die Verbindung zur Natur bei sich zu Hause aufrechtzuerhalten, sind Pflanzen. Wenn du in deinem Zuhause von verschiedenen wunderbaren Grüntönen umgeben bist, kannst du auch so immer wieder eine Verbindung zum Reich der Naturwesen aufbauen. Pflanzen haben eine reinigende Wirkung und filtern jegliche Negativität aus dem Raum. Beim Pflegen und Gießen deiner Pflanzen hast du die Möglichkeit, innerlich ganz ruhig zu werden, vollkommen in den Moment abzutauchen und Kontakt zu ihnen und ihrem Wesen aufzubauen. Aber eigentlich spielt es keine große Rolle, ob du dich bewusst mit ihnen verbindest oder ob du einfach ihre Anwesenheit genießt, ihre positive Wirkung werden sie so oder so entfalten.

Nur der Einsame findet den Wald;
wo ihn mehrere suchen,
da flieht er,
und nur die Bäume
bleiben zurück.

Peter Rosegger
(1843–1918)

Wie Gebete dir helfen können

Ein Gebet ist wie ein Telefonat nach Hause – ein ganz einfaches, unkompliziertes und zugleich sehr machtvolles Instrument, eine Hilfe, die du jederzeit in deinem Leben nutzen kannst.

Du musst dich nicht an eine vorgegebene Form halten. Gebete einfach abzulesen, ohne mit dem Herzen dabei zu sein, gibt dir vielleicht das gute Gefühl, deine »Pflicht« getan zu haben, aber wirklich nützen wird dies kaum. Du musst auch nicht unbedingt in eine Kirche oder einen anderen geweihten Raum gehen, sondern kannst zu Hause, am Arbeitsplatz oder eben in der freien Natur beten. Dort, unter freiem Himmel und angesichts all der Schönheiten der Natur, fällt es vielen Menschen sogar leichter, mit dem Schöpfer in Kontakt zu treten. Bete so, wie es für dich stimmig ist. Öffne dein Herz – und erzähle einfach, wie es dir geht, was du brauchst und für was du dankbar bist. Natürlich weiß die Geistige Welt schon längst, was deine Bedürfnisse sind. Aber es geht letztlich darum, dass du selbst noch einmal ganz bewusst in Worte fasst bzw. dir darüber klar wirst, was du brauchst oder möchtest – und dann bewusst darum bittest. Bete nicht nur in Zeiten, in denen du in Not bist oder es dir schlecht geht, sondern lasse das Beten zu einem festen Bestandteil deines Lebens werden. Baue immer wieder Zeiten in deinen Tages- oder Wochenablauf ein, in denen du ganz still wirst und der Geistigen Welt all deine glücklichen Momente und Freuden sowie auch deine Wünsche, Probleme und Sorgen anvertraust. Mit der Zeit wirst du durch deine Gebete eine richtige Freundschaft zu Gott, zum Universum – oder wie auch immer du diese höhere Macht nennen magst – aufgebaut haben und darauf vertrauen können, dass dir immer und überall geholfen wird und du niemals allein mit deinen Sorgen und Problemen bist. Sei offen für die göttliche Hilfe, auch wenn sie anders ausfällt, als du es erwartet hast. Das Göttliche kann uns unsere Lernprozesse, die wir nun einmal machen müssen, nicht abnehmen, aber es kann uns helfen, besser mit all dem, was aus ihnen resultiert, umzugehen. Und zuweilen können durch göttliche Intervention wahre Wunder geschehen. Vergiss bitte nie, dich, wenn du dein Gebet beendet hast, für all die Hilfe und Unterstützung, die du in deinem Leben bereits erhalten hast, zu bedanken.

Du kannst auch beten, um damit anderen Menschen zu helfen und diese Erde zu einem besseren und liebevolleren Ort zu machen. Sei sensibel dafür, wo Hilfe, Liebe und Heilung gebraucht wird, wo viel Schmerz und Dunkelheit herrschen.

Falls du einen Menschen in deinem Umfeld kennst, dem es nicht gut geht oder der krank ist, kannst du zum Vermittler zwischen Himmel und Erde für ihn werden. Bete für ihn, für seine Heilung, für mehr Liebe oder was immer er gerade braucht. Sprich immer wieder, wenn du an ihn denkst, ein Gebet für ihn. Mache das frei und ungezwungen, so, wie es dir in diesem Moment stimmig erscheint. Auch an dieser Stelle möchte ich noch einmal darauf hinweisen, dass wir lernen müssen, unsere Mitmenschen wieder als Teil einer großen Familie zu sehen. Wir sind mit allen Menschen verbunden, jegliche Trennung ist nur eine Illusion. Wir können uns das so vorstellen, als wenn alle Lebewesen, die auf dieser Erde leben, in Wirklichkeit ein einziges wären. Jeder Mensch ist wie eine Körperzelle dieses Lebewesens und daher wichtig und unersetzlich. Wenn es einer Körperzelle nicht gut geht, bekommen das auch alle anderen zu spüren, entweder direkt oder indirekt. Unsere Aufgabe ist es, gut für uns selber zu sorgen, aber genauso wichtig ist es, »Zellen«, die in unserer direkten Umgebung leben, zu unterstützen, wenn wir sehen, dass sie Hilfe brauchen und wir ihnen diese Hilfe geben können. Gebete sind eine wunderbare und einfache Art zu helfen. Damit machen wir unseren Mitmenschen ein liebevolles Geschenk. Für einen anderen Menschen zu beten, egal, wie er sich uns gegenüber verhalten hat, ist ein großer Akt der Mitmenschlichkeit und ein Zeichen bedingungsloser Liebe. Zu beten und damit seine Liebe zu erweisen, verhilft auch dir selber zu einer höheren Schwingung und baut eine Art Brücke zwischen Himmel und Erde,

die wiederum die Basis dafür sein kann, dass die Engel und andere Lichtwesen wirken können. Denn diese warten förmlich darauf,
dass wir sie um Hilfe bitten. Sie sind glücklich, wenn sie uns zur
Seite stehen dürfen, weil wir sie darum bitten.

Und nicht nur deine Mitmenschen darfst du beschenken. Für alle
Lebewesen können wir Gebete sprechen, sei es für einen kranken
Baum, einen Hund oder sogar für einen Berg, der von so vielen
Touristen nahezu belagert wird, dass er kaum mehr richtig »atmen«
oder zur Ruhe kommen kann. Mache dir das Beten zur Gewohnheit, sodass es zu einem festen Bestandteil deines Lebens werden
kann, wie Zähneputzen und Duschen. Lasse zu, dass das Göttliche
jeden Teil deines Lebens berühren und erhellen darf und du selbst
auf diese Weise immer lichtvoller wirst.
Im Folgenden findest du einige Gebete, die dich inspirieren sollen,
wie du zu einem wunderbaren Brückenbauer zwischen Himmel
und Erde werden kannst.

Lieber Gott,
der du Vater und Mutter für uns bist,

ich bitte dich, den Menschen dabei zu helfen, wieder mehr Rücksicht aufeinander zu nehmen, ein stärkeres Feingefühl ihren Mitmenschen gegenüber in ihnen zu wecken. Hilf ihnen, sämtliche Blockaden aufzulösen, sich selber und die eigenen Bedürfnisse wieder deutlicher zu spüren und so auch ihre Mitmenschen besser wahrzunehmen. Unterstütze uns bitte bei unseren Bemühungen, diese Erde zu einem Ort des Friedens und der Harmonie werden zu lassen, an dem sich alle Menschen willkommen, sicher und geborgen fühlen, an dem Freude, Harmonie und Glück herrschen. Einen Ort, an dem die Menschen zu ihrem wahren Lebensweg zurückfinden und sich so glücklich und zufrieden fühlen, dass sie sich gegenüber allen Lebewesen respektvoll, friedlich und zuvorkommend verhalten.
Ich danke dir für deine Liebe und deine Fürsorge. Ich liebe dich.
Amen

Gebet für einen Wald

Danke, lieber Gott, der du uns Vater und Mutter bist, dass ich mich an diesem wunderbaren Ort aufhalten darf und diese herrlichen Energien spüren kann. Ich danke den Bäumen, den Pflanzen und den Tieren in diesem Wald, dass sie mithelfen, diesen Platz zu solch einem schönen Ort zu machen. Ich bitte darum, dass sich alle Menschen, die sich hier oder an ähnlich

unberührten Stellen aufhalten, respektvoll gegenüber der Natur verhalten und diese Schönheiten zu schätzen wissen. Ich segne diesen Wald mit ganz viel Licht und Liebe.
Amen

Eine weitere Möglichkeit, viel Gutes für dich und deine Mitmenschen zu tun, ist, die Menschen, alle Lebewesen, ja, alles, was dir täglich begegnet und wichtig ist, zu segnen. Durch das Segnen bekommst du eine Möglichkeit, mehr Licht auf diese Erde zu bringen. Du öffnest sozusagen einen Kanal, durch den das Lebewesen oder die Situation in reinstes, göttliches Licht getaucht wird. Alles, was nicht Liebe ist, fällt in diesem Moment von dem Gesegneten ab. Es wird alles wieder in die göttliche Ordnung (zurück-)gebracht und erhält einen gewaltigen Lichtschub, eine große Portion göttlicher (Heil-)Energie. Schon mit wenigen Worten kannst du ein großes Geschenk machen, zum Beispiel: »Ich segne (Name der Person oder des Lebewesens) mit viel Licht und Liebe«. Indem du oft und von Herzen segnest, wirst du wahrlich zu einem Mitschöpfer deines Lebens.

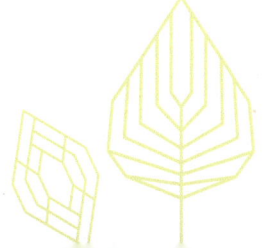

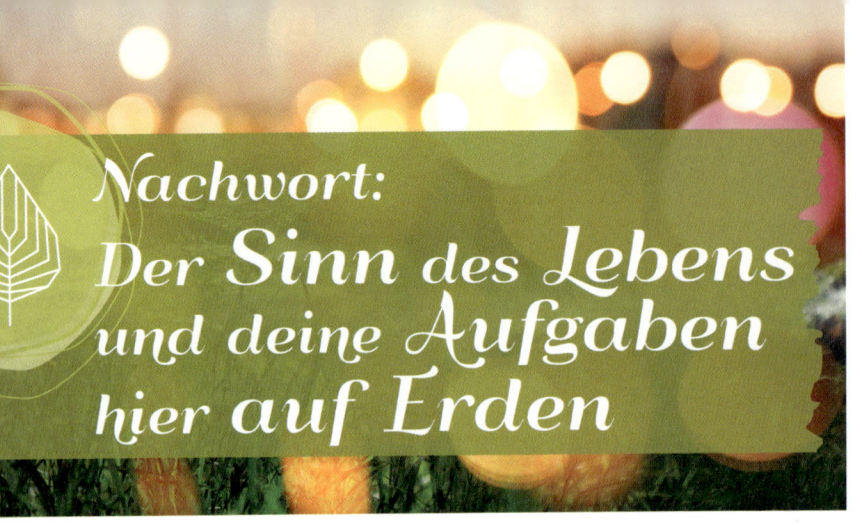

Nachwort:
Der Sinn des Lebens und deine Aufgaben hier auf Erden

Jede Seele, die hier auf Erden inkarnierte, also einen menschlichen Körper angenommen hat, will gewisse Aufgaben erfüllen und Probleme oder Schicksalsschläge bewältigen. Diese Lebensprüfungen, die zugleich auch immer eine Entwicklungschance bieten, sehen bei jedem Menschen anders aus, keiner hat dieselben Dinge zu lernen. Darum bringt es auch absolut nichts, sich mit anderen Menschen zu vergleichen. Jeder steht an einem anderen Punkt seines individuellen Lernprozesses. Und dieses Leben, in dem wir uns jetzt gerade befinden, ist nicht die erste Station. Wir alle haben bereits viele Inkarnationen hinter uns, haben schon viel erlebt, gemeistert und erfahren. Auch für unser jetziges Leben haben wir uns vor unserer Geburt gewisse Dinge vorgenommen – natürlich in Absprache mit unseren und anderen macht- und lichtvollen Geistwesen.

Allerdings ist es so, dass wir mit unserem Herzen auch immer unseren persönlichen Kompass dabeihaben. Wenn wir uns mit den Dingen beschäftigen, die im Einklang mit unserem Herzen sind, also unserer Aufgabe oder unseren Talenten entsprechen, sind wir glücklich und fühlen uns zufrieden und lebendig. Ebenso spüren wir es in unserem Herzen, wenn wir Aufgaben erfüllen, die wir vor unserer Inkarnation mit unseren geistigen Helfern vereinbart haben. Wir haben uns mit all den Irrungen und Wirrungen, die uns momentan in unserem Leben auf Trab halten, einverstanden erklärt und dann – gemeinsam mit unseren himmlischen Helfern – entsprechend unser Leben geplant. Dabei wurde unter anderem festgelegt, an welchen Ort, in welche Umstände und in welche Familie wir hineingeboren werden. Wir suchten uns genau das Leben, die Familie und die Umgebung aus, in der wir exakt das antreffen, was für unseren Lebensweg bzw. unser Schicksal ausschlaggebend ist. Wenn es also zu meinen Aufgaben gehört, mein Selbstbewusstsein zu entwickeln, werde ich auf Eltern treffen, die mich oft kritisieren und meinen Wert nicht anerkennen, damit ich gezwungen werde, mich auf einen Weg zu begeben, auf dem ich mein Selbstbewusstsein eigenständig fördern und meinen Wert (an-)erkennen kann.

Natürlich habe ich während einer Inkarnation immer auch die Möglichkeit, den Lernprozess gar nicht oder nur in abgewandelter Form zu durchlaufen. Doch dann besteht oft die Gefahr, dass ich das Thema verdränge und – meist unbewusst – auf andere projizie-

re, was natürlich zu diversen Problemen führen kann. Daher ist es immer besser, sich den jeweiligen Aufgaben und Herausforderungen, die das Leben einem bietet, direkt zu stellen.

Vorgeburtliche Verträge schließen wir auch mit den Menschen ab, die uns bei der Bewältigung unseres Lebensweges behilflich sind – oder denen wir behilflich sein können. Wahrscheinlich habe ich genau mit dem Lehrer oder dem Klassenkameraden, der mich immer beleidigt und mir das Gefühl gegeben hat, nicht gut genug zu sein, einen Vertrag abgeschlossen, um beispielsweise zu lernen, mich zu wehren, zu behaupten oder mehr Selbstbewusstsein zu entwickeln. Hier, auf der Erde, sind die Möglichkeiten an Lernerfahrungen äußerst vielfältig, daher sollten wir jede Chance nutzen, auch wenn dies noch so unangenehm oder schwierig erscheint. Wir müssen uns immer wieder vor Augen halten, dass wir uns einverstanden erklärt haben, hierherzukommen und genau diese Rolle zu spielen. Ja, es ist nur eine Rolle, ein Spiel. In Wirklichkeit sind wir geistige Wesen, inkarniert in einen Körper.

Wenn eine meiner Aufgabe hier auf der Erde ist, Toleranz zu entwickeln, wird mir das Universum so lange entsprechende Aufgaben schicken, bis ich sie gemeistert habe. Dabei sind die Aufgaben zu Beginn noch leicht zu lösen; mit der Zeit werden sie dann, wie in der Schule, immer anspruchsvoller und schwieriger. Es macht auch nichts, wenn du eine Aufgabe nicht auf Anhieb meistern solltest. Versuche einfach, dein Bestes zu geben und beim nächsten Mal aus deinen Fehlern zu lernen. Auch für den Fall, dass du dich vor einer Aufgabe »drückst« und versuchst, einen anderen Weg zu gehen, wird das Universum dir bald eine neue Möglichkeit schicken, um es noch einmal zu versuchen

Gebete und Meditationen können dir bei der Bewältigung all deiner Aufgaben helfen. Zudem kannst du auch die Engel, die Natur oder das Universum bitten, dir beizustehen. Da du als Mensch mit einem freien Willen geboren wurdest und die geistigen Wesen dies respektieren, helfen sie dir nur, wenn du sie explizit darum bittest. Also tue dies dann auch ganz bewusst, konzentriere dich auf deinen Atem, und höre in dich hinein, denn es bringt nichts, nur um Hilfe zu bitten und sich dann keine Zeit zu nehmen, auf die Antwort zu warten. Manchmal zeigt es sich, dass ein Gebet erhört wurde, auch darin, dass plötzlich schwer zu bewältigende Hindernissen auftreten, damit du gezwungen wirst, die Lektionen möglichst bald zu lernen und bestimmte Dinge hinter dir zu lassen. In diesen Zeiten kannst du dir allerdings sicher sein, dass eine ganze Schar von geistigen Helfern bei dir ist und dich unterstützt. Bitte sie stets um das, was du gerade brauchst (Mut, Kraft, Stärke, Unterstützung, Gelassenheit …).

Das Leben ist dein Freund, nicht dein Feind. Versuche daher in jeder Situation – mag sie auch noch so schwierig sein –, dich immer wieder zu fragen, was du hier und jetzt konkret lernen, welche Eigenschaften du entwickeln oder welche Fähigkeiten du ausbauen kannst.

Gehe achtsam mit deinem Leben um. Sei stets darauf bedacht, was dir Kraft gibt und welche Tätigkeiten oder Menschen dir diese wieder nehmen, dich aussaugen oder gar zermürben.

Halte dich an Menschen, die dich unterstützen, dir ein gutes Gefühl geben und bei denen du dich wohlfühlst. Gestalte dein Leben nach deinen eigenen Bedürfnissen, derer du dir dadurch, dass du zunehmend nach innen, auf deine innere Stimme hörst und mit deinem Herzen in Kontakt bist, immer bewusster wirst.

Plane regelmäßig Zeiten ein, in denen du ganz alleine für dich sein kannst. Gehe in die Natur, in den Wald, und lebe in Verbindung mit deinem Herzen.

In der heutigen Zeit, in der es unzählige Turbulenzen und Veränderungen gibt, ist es für uns Menschen äußerst wichtig, ja, sogar notwendig, einen Halt, einen Ort der Orientierung und Sicherheit zu haben. Wenn wir diesen aber im Außen, also bei anderen Menschen, materiellen Dingen etc. suchen, machen wir uns dadurch unfrei und abhängig. Überprüfe immer mit deinem Herzen, ob das, was jemand gesagt oder geschrieben hat, auch deiner eigenen, inneren Wahrheit entspricht. Im Zweifelsfall entscheide dich immer für das, was allein dir richtig erscheint, ohne dich von irgendjemandem beeinflussen zu lassen.

Die durch die Schwingungserhöhung der Erde ausgelösten Transformationen haben Auswirkungen verschiedenster Art auf das Leben eines jeden einzelnen Menschen. Im Laufe der Zeitenwende, in der wir uns momentan befinden, können wir mit gewaltigen Hindernissen oder sogar Problemen konfrontiert werden. Auch Dinge, die lange Zeit stimmig für uns waren, werden auf einmal nicht mehr als erstrebenswert oder als wichtig angesehen werden. Wir haben dann die Wahl, »mitzufließen«, uns also an die Veränderungen anzupassen – oder eben nicht. Wenn wir aber krampfhaft versuchen, an alten und überholten Dingen, Überzeugungen, starren Regeln, Wertvorstellungen und Lebensanschauungen festzuhalten, wird das Universum uns durch unangenehme Umstände zwingen, gewisse Veränderungen vorzunehmen oder überholte Glaubensvorstellungen zu verändern. Das kann unter Umständen auch sehr schmerzhaft sein. Seien wir offen für die Veränderungen, auch wenn sie vielleicht starke Ängste und Unsicherheiten in uns auslösen.

Es ist an der Zeit, dass alle Menschen wieder den Zugang zu der bedingungslosen Liebe finden und aus dieser heraus handeln und leben. Dies ist die Kraft, die die stärkste Wirkung hat auf dieser Erde. Die Zeit ist reif dafür, dass wir Menschen erkennen, dass jegliche Einteilung in »gut« oder »schlecht« der Vergangenheit angehört und uns behindert. Wichtig ist es, in unser Denken und Handeln Frieden und Liebe zu bringen und wieder Mitschöpfer unseres eigenen Lebens zu werden. Sich nicht als Opfer irgendwelcher Umstände zu fühlen, sondern zu erkennen, welche wahre Kraft und Macht in uns und in den oft schicksalshaft anmutenden Umständen unseres Lebens steckt, und diese dazu zu nutzen, wichtige Transformationsprozesse zu bewältigen. All dem Beachtung zu schenken, was

»an die Oberfläche kommt«, angeschaut und wieder geheilt werden möchte. Alle Aspekte unseres Seins wieder in Harmonie zu bringen. Unser Leben und das der ganzen Erde aktiv und bewusst mitzugestalten und es so zu leben, wie es uns zusteht.

In solch unruhigen Zeiten ist es wichtig, sich auf die Suche nach seinem eigenen, inneren Lehrer zu machen. Niemand kann dich bestimmte Dinge besser lehren oder dein Kompass sein als deine dir innewohnende Weisheit. Ziel sollte es daher immer sein, die Verbindung zum eigenen Inneren dauerhaft zu stärken, sodass du dich mit allen Problemen, Entscheidungen, Krisen und Fragen an deine eigene Göttlichkeit wenden kannst, um dort Hilfe, nützliche Ratschläge und Unterstützung zu bekommen. Die Natur und speziell der Wald sind dir in diesen unruhigen Zeiten eine große Hilfe.

Unsere Reise durch zahlreiche Inkarnationen ist notwendig, um vollkommen, ganz und heil zu werden. Um uns hierbei zu unterstützen, hat sich die Geistige Welt entschlossen, uns noch mehr Hilfe als in den letzten Jahren zuteilwerden zu lassen, sodass es für uns einfacher wird, unsere weniger lichtvollen Seiten anzuschauen und zu überwinden. Durch die Weisheiten des Waldes wird dir vieles leichter gemacht. Es spielt dabei keine Rolle, ob du dich schon länger auf diesem Weg befindest oder ihn gerade erst entdeckt hast. Ohne Zweifel wird dies der einzige Weg sein, der uns auf Dauer glücklich, zufrieden, ausgeglichen und gelassen macht. Also erlaube dir, in die Stille einzutauchen, der Natur zuzuhören, sie zu beobachten und dir so einen Zutritt zu deinem Herzen und zu deiner Weisheit zu ermöglichen.

Es braucht Ruhe, Zeit und Geduld, den eigenen Führer, die eigene Weisheit wiederzuentdecken und zu erfahren, aber es lohnt sich auf jeden Fall.

Ich wünsche dir von Herzen, dass du deinen persönlichen Weg würdevoll, selbstbestimmt und voller Liebe gehen kannst und Mutter Natur dir dabei all die Hilfe und Unterstützung zuteilwerden lässt, die dir zustehen, um deinen Weg leichter und lichtvoller zu machen. Ich segne dich mit Licht und Liebe.

Wenn du noch weitere Fragen hast, kannst du gerne über waldweisheiten@gmail.com mit mir in Kontakt treten. Ich freue mich über jede Resonanz. Auf diesem Wege kann ich dir auch Infos zukommen lassen, falls du dich für Workshops oder Seminare interessierst.

Nachwort …

141

Danksagung

Am Ende dieses Buches möchte ich mich von Herzen bei all den lieben Menschen bedanken, die mich auf irgendeine Art und Weise unterstützt und es so ermöglicht haben, dass dieses Buch geschrieben wurde.

Zuerst möchte ich mich bei Heidi und Markus Schirner für das geschenkte Vertrauen bedanken sowie bei allen Schirner-Mitarbeitern, die an diesem Werk mitbeteiligt waren. Speziell erwähnen möchte ich hier meine Lektorin Heike Wietelmann. Ein Dankeschön auch an Mariella Floris und Schahila für das umfassende Wissen, das sie an mich weitergaben, bei Willy Hauser für seine wertvolle Unterstützung. Natürlich auch bei Annemarie und Josef Suter für die liebevolle Betreuung von David sowie auch bei Andrea und Romy Fleig, die mir Zeit zum Schreiben geschenkt haben. Bei meinem liebevollen Weggefährten und Partner Christof Suter – ohne dich wäre das Ganze gar nicht möglich gewesen, danke für deine Geduld, Liebe und die wundervolle Unterstützung. Danke auch meinem Sohn

David, dass du mir immer wieder zeigst, was wirklich wichtig ist im Leben. Ich bin auch dir, Mutter Meera von ganzem Herzen dankbar. Dem Wald, mit dem ich seit meiner Kindheit eine so innige Beziehung habe, und der geistigen Welt, danke für das Wissen, das ihr mir vermittelt habt und die zuverlässige Führung, Unterstützung und Liebe. Zum Schluss möchte ich mich herzlich bei euch, liebe Leser, für euer Interesse bedanken. Möge jedem Einzelnen dieses Buch neue Möglichkeiten aufzeigen und euch wieder mehr in Einklang mit der Natur bringen.

Die mit * gekennzeichneten Affirmationen auf S. 32, 70, 103, 114:
mit freundlicher Genehmigung von Willy Hauser,
Praxis Heil-Gesund, Glarus

Danksagung

Bildnachweis